JN207134

弁護士とケースワーカーの
連携による
生活保護の
現場対応Q&A

法テラスむつ法律事務所
弁護士
眞鍋彰啓 ［編著］
MANABE Akihiro

民事法研究会

は し が き

　法律問題は病気に、弁護士は医師に喩えられることがあります。借金や離婚などの法律で解決できる問題も病気も、対処が早ければ早いほど、予後が良いことは間違いありません。ですが、法律問題を抱えた生活困窮者の多くは、なかなかすぐには弁護士の元に相談に来てはくれません。

　ところで、私が弁護士登録をした当時（2007年（平成19年））には、すでに日本司法支援センター（通称：法テラス）が設立されており、法律問題を抱える生活困窮者の支援のための一つの手法として「福祉と司法の連携」があげられていたと記憶しています。それから20年近くが経ち、昨今、弁護士の口から「福祉関係者とお互いに顔が見える関係が築けた」であったり、福祉関係者の口からも「法律問題を抱える生活困窮者がいれば弁護士につなぐことができている」といったことを耳にする機会が増えました。

　それでも、生活保護利用者の法律相談を受けていると、「どうして、もっと早く相談に来てくれなかったんですか！」「担当ケースワーカーはいったい何をしていたんですか！」と恨み言の一つや二つを言いたくなることが、いまだに少なくありません。そもそも、多くの生活困窮者は、今も昔も、生活に困窮して直ちに生活保護の申請に至るわけではありません。行政に頼ることなく何とかしようと無理に無理を重ね、どうにもならなくなって初めて申請に至ります。当然、生活保護開始決定時には、借金や離婚などさまざまな法律問題を抱えている、そのことは多くのケースワーカーにとって共通理解となりつつあるにもかかわらず、です。

　なぜ、そのような事態が生じているのでしょうか。

　生活保護の現場では、生活困窮者支援における「福祉と司法の連携」

の必要性を感じつつも、それを実践できているのは限られたエキスパートにとどまっていて、多くのケースワーカーは、どうすればよいのかわからない、そうした茫漠感の前に動き出すことができないでいるように感じます。あるいは、わかるようでわからない「福祉と司法の連携」に対し、何か途方もない労力を要するのではないか、そういった不安があるのかもしれません。

　以上のような観点から、本書では、生活保護の現場における「福祉と司法の連携」について、どのタイミングで何を行うべきか、それを示したロードマップを作成することによって、多くのケースワーカーが感じているであろう茫漠感を解消することをめざしています。併せて、弁護士にできること・できないこと、ケースワーカーにできること・できないことを踏まえて「福祉と司法の連携」の輪郭を描き、その限界を示すことで、労力に関する不安を解消したいとも考えました。

　理解しやすく役に立つ、そのためには現場の現実に即した内容でなければなりません。本書では、架空のＸ市の福祉事務所を舞台に、生活保護の現場でケースワーカーが現実に直面し得る事例を取り上げ、その各場面ごとで、担当ケースワーカー（井口ＣＷ）の質問に弁護士である私が回答をする形式で説明をしています。その際には、単に知識を羅列するのではなく、現場での実践を念頭に置き、押さえるべき勘所に焦点を当てることを心がけました。この試みが成功していることを願ってやみません。

　なお、本書は、私が法テラスの常勤弁護士となり法テラスむつ法律事務所に配属された2022年度（令和４年度）より定期的に開催している、むつ市福祉部生活福祉課の職員を対象とした勉強会で行った講義とそれに対するフィードバックをベースにしています。同課の職員の方々の理解と協力なくしては、本書を完成させることはできませんでした。この

場を借りて、御礼申し上げます。また、本書を世に出すことができたのは、本書の執筆のみならず、日々の活動をご支援くださる土屋竜也事務局長をはじめとする法テラス青森地方事務所の職員の方々の存在があってのことです。心より感謝の言葉を贈ります。

　最後になりますが、本書を上梓する機会を与えてくださった民事法研究会の皆さまと編集の労を執っていただいた南伸太郎氏に対して重ねて御礼を申し上げます。

　本書が「福祉と司法の連携」の実現の一助となるのであれば、これに勝る喜びはありません。

2024年（令和6年）12月

眞鍋　彰啓

『弁護士とケースワーカーの連携による生活保護の現場対応Q&A』

目　　次

第3章　生活保護利用者の自己破産申立て

第4章　生活保護利用者の
預貯金債権差押え

第5章　シングルマザーによる養育費請求

第6章　生活保護利用世帯と未成年後見

第 7 章　生活保護利用者による 損害賠償請求

第8章　生活保護利用者の相続放棄

第9章　生活保護利用者と刑事手続

◎用語について◎

　生活保護法上の「被保護者」について、生活保護の実施機関や生活保護を取り扱う書籍では、「生活保護受給者」と表記することが一般的だと思われますが、本書では、生活保護を利用することは憲法の保障する国民の権利である、その権利主体性に重きを置き、あえて「生活保護利用者」と表記しています。

　さらに、本書では、政令都市ではない市（X市）を前提に説明しています。そのうえで、生活保護を行うべき市長が生活保護法19条4項に基づき生活保護の決定および実施に関する事務の全部を福祉事務所長に委任（権限自体が受任した福祉事務所長に移るので、福祉事務所長は自己の名と責任において委任された権限を行使するとともに、委任した市長はその限りで権限を失います）していることが多いと考えられることから、説明の便宜上、生活保護を行うべき「保護の実施機関」とは福祉事務所長（X市福祉事務所長）を指します。また、市役所の生活保護担当課（市役所では、福祉事務所の組織を「保護課」「福祉課」などにあて、「福祉事務所」の名称では見つからないことがあります）で生活保護に関する業務を行う職員で生活保護世帯を担当する者を「ケースワーカー」もしくは「CW（Case Worker）」、それを指導監督する職員を「査察指導員」（通常は係長級）もしくは「SV（Supervisor）」と呼びます。

◎凡　例◎

〔告示・通知〕────────────────────────

告示　　　昭和38年4月1日厚生省告示第158号「生活保護法による
　　　　　保護の基準」

次官通知　昭和36年4月1日厚生省発社第123号厚生事務次官通知
　　　　　「生活保護法による保護の実施要領について」

局長通知　昭和38年4月1日社発第246号厚生省社会局長通知「生活
　　　　　保護法による保護の実施要領について」

課長通知　昭和38年4月1日社保第34号厚生省社会局保護課長通知
　　　　　「生活保護法による保護の実施要領の取扱いについて」

〔文　　献〕────────────────────────

手帳　　　生活保護手帳〔2024年度版〕

問答集　　生活保護手帳別冊問答集〔2024年度版〕

実例集　　大山典宏『精選生活保護運用実例集』（第一法規、2023年）

〔判例集〕────────────────────────

民集　　　最高裁判所民事判例集

刑集　　　最高裁判所刑事裁判集

裁判集民　最高裁判所判例集民事

家月　　　家庭裁判月報

判タ　　　判例タイムズ

賃社　　　賃金と社会保障

第1章 ■ ■ □

弁護士との連携にあたり押さえておきたい個人情報の基礎知識

事例1　個人情報

Ａさん（80歳代、女性）は、Ｘ市で単身、生活保護を利用して生活している。身寄りはない。身の周りのことは自分で管理しながら自宅で生活してきたが、数年前から、年相応の物忘れもみられるようになってきた。

令和5年5月8日、Ａさんの担当である井口CWは、Ａさん宅を訪問した際、玄関の靴箱の上に消費者金融業者のＰミスからＡさん宛てに送られた封書が置かれているのを見つけた。「これは何ですか？」とＡさんに尋ねたところ、Ｐミスから手紙が送られてくるようなことをした心当たりはないけれども、封を開けるのも捨てるのも怖かったので、そのままにしている、とのことだった。

井口CWがＡさんの了承を得て封書を開けてみると、「督促状」と書かれた1枚の紙が出てきた。「督促状」の作成日は令和4年9月8日、つまり、Ａさん宅に届いてから8か月近くもの間、放置されていた計算になる。「督促状」には、ＡさんはＰミスから借入れをしたにもかかわらず返済をしていない、合計45万7,390円（元金残高：29万9,290円、利息5,116円、遅延損害金15万2,984円）を速やかに支払わなければ法的手続を検討する、といったことが書かれていた。

井口CWが「督促状」の内容についてＡさんに説明をしたところ、Ａさんは、「言われてみると、お金を借りたかもしれない」「でも、もう歳だし、返済なんてできるわけがない」「どうしたらいいか、わからない」「もう死ぬしかない」。そう言って泣き出してしまった。

その様子を見た井口CWは、弁護士に相談することを勧めたいけれど、Ａさん一人で法律相談に行っても、また泣き出して相談どころではないだろうと思い、Ａさんに対し、「月1回、市役所で法律相

談会をやっているので、そこに行って、弁護士先生に相談してみませんか？」「Ａさん一人だと弁護士先生に上手に説明できないでしょう。僕もいっしょに行って、僕のほうから事情を説明してあげますから」と提案した。すると、Ａさんは、「ありがとうございます。お願いします」と言って、しゃくり上げながら何度も頷いた。

＊

　令和５年５月15日、Ｘ市の定例法律相談会当日、その日の法律相談を担当する河本弁護士は、開始時間10分前に会場であるＸ市役所庁舎内の相談室に到着した。河本弁護士は弁護士登録２年目、新進気鋭の弁護士である。河本弁護士がさっそく最初の相談者の相談受付票を確認していると、そこには、「相談者氏名：Ａ」「相談の内容：債務整理」「備考：生活保護のケースワーカーが同席を希望」と記載されていた。生活保護のケースワーカーが法律相談に同席するなんて初めてだな、そんなことを考えながら待っていると、40歳くらいの男性（井口ＣＷ）が高齢の女性（Ａさん）を連れて相談室に入ってきた。

　河本弁護士が「今日はどういったご相談ですか？」と尋ねると、井口ＣＷが持参した「督促状」を取り出して事情を説明し始めた。河本弁護士は、井口ＣＷの話を聴きながら、「督促状」を見て、最終弁済期限と期限の利益喪失日の記載がないことを確認した。そして、遅延損害金の額が借入元金残高の半額程度だし、消滅時効はまだ完成していなさそうだ、Ａさんは高齢だし生活保護利用者なのだから返済はできないだろう、自己破産の申立てをするしかないか、と考えた。ひととおり井口ＣＷの説明を聴き終えて、今後はＡさんに対し、借入れの経緯や収入・資産について質問したところ、Ａさんは、「覚えていない」「よくわからない」「借りたような気もするけど昔のことなので」とまるで埒が明かない。それでも、「破産申立てし

かないですかね」と言うと、「破産したいです。先生、お願いします。助けてください」としっかりした返事が返ってくる。

＊

　河本弁護士は、困ったな、依頼を受けてあげたいけど、Ａさん一人で事務所に来られても、申立ての準備が進む未来が見えないぞ、一人で抱えるのはしんどいな、さて、どうしたものか、と思案していると、ふと、井口CWと目が合い、そのとき、あるひらめきが脳裏をよぎった。それから、物は試し、と自分自身に言い聞かせ、井口CWに対し、「こういうことは初めてなんですけど、僕とケースワーカーさんとでＡさんの情報を共有しながら事件処理を進めていくことは可能ですか？　僕一人では、依頼を受けても、ちゃんと事件処理をやり切る自信がなくて……」と正直に思いを口にした。すると、井口CWが少し不安げな様子で、「私としても、Ａさんについては、できれば先生と情報共有しながら対応したいなと思うのですが、最近、個人情報、個人情報ってすごくうるさいじゃないですか。そこのところは大丈夫なんでしょうか？」と尋ねてきた。個人情報か……、ロースクールでも司法研修所でも教わっていないしな……、どうなんだろう……、河本弁護士はその場で固まってしまった。

Q1 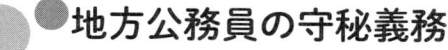 個人情報の第三者への提供①
地方公務員の守秘義務

　地方公務員が個人情報を取り扱う際には、「地方公務員の守秘義務」と「個人情報保護法」に留意する必要があると聞きました。Ａさんの親族関係、生活歴、収入・資産や支給した生活保護費、支援状況など、ケースワーク業務を行ううえで取得したＡさんに関する情報について、

河本弁護士に提供した場合、「地方公務員の守秘義務」に違反しないのでしょうか。

1　回　答

　ケースワーク業務を行ううえで取得したＡさんに関する情報（「秘密」）を第三者に提供することは、提供先がたとえ弁護士であったとしても、原則として、「地方公務員の守秘義務」に違反します。

　もっとも、Ａさんに関する情報について、当のＡさん本人が河本弁護士に提供することについて同意をする場合、河本弁護士に提供する限りでは、その情報はもはや秘密として保護するに価する「秘密」には該当しないので、「地方公務員の守秘義務」に違反しません。

2　解　説

(1)　地方公務員の守秘義務

　地方公務員法34条1項は、「職員は、職務上知り得た秘密を漏らしてはならない」として、「地方公務員の守秘義務」を規定しています。この規定に違反した場合、刑事罰（地方公務員法60条2号）や懲戒処分（同法29条1項2号）の対象となることがあります。

　なお、地方公務員に限らず、職務の特性上、秘密の保持が必要とされる職業については、それぞれ法律により守秘義務が定められています。

1　地方公務員法60条2号は、地方公務員の守秘義務に違反して秘密を漏らした者は「1年以下の懲役又は50万円以下の罰金に処する」と規定しています。

(2)　「秘密」

　最高裁判所は、守秘義務による保護の対象となる「秘密」について、「非公知の事項であって、実質的にもそれを秘密として保護するに価すると認められるもの」と解釈しており[2]、実務上も、その解釈に沿う形で運用がされています。

　そして、個人のプライバシーを重んじる昨今の風潮を踏まえたとき、個人にかかわる情報であって世間一般に広く知れ渡っていないものはすべて、住所や電話番号も含め、実質的に秘密として保護するに価する「秘密」に該当すると考えるべきです。

　Ａさんの事例でいうと、Ａさんの親族関係、生活歴、収入・資産や支給した生活保護費、支援状況など、ケースワーク業務を行ううえで取得したＡさんに関する情報はすべて、世間一般に広く知れ渡っているものではありませんから、「秘密」であり、守秘義務による保護の対象となります。

(3)　「漏ら」す行為

　守秘義務による規律の対象となる秘密を「漏ら」す行為とは、「秘密を広く一般に知らしめる行為または知らしめるおそれのある行為の一切」をいい、秘密をインターネット上に書き込むこと、口頭で伝えることなど、手段を問いません。積極的に秘密を漏らす行為（作為）に限らず、漏えいを黙認する、秘密事項を含む文書の管理や廃棄を適切に行わないなどの不作為を含みます。また、「漏ら」す行為の相手方が特定されているか不特定であるかも問いません[3]。

2　最決昭和52・12・19刑集31巻7号1053頁（ただし、国家公務員の守秘義務についての事案）。

3　橋本勇『新版逐条地方公務員法〔第5次改訂版〕』（学陽書房、2020年）699頁以下。

　したがって、情報の提供の方法がどのようなものであれ、また、情報の提供の相手方が特定の弁護士であったとしても、その提供行為は秘密を「漏ら」す行為に該当します。

⑷　「地方公務員の守秘義務」と本人の同意

　もっとも、個人に関する情報について、本人が第三者に提供することについて同意をする場合、当該第三者に提供する限りでは、当の本人が「秘密」としての保護を放棄している以上、「秘密」として取り扱い保護する理由はないため、守秘義務の保護の対象となる「秘密」にはあたりません（「本人の同意」を得る際の留意点について、**Q4**参照）。

　Aさんの事例の場合、Aさんに関する情報について、たとえそれが世間一般に広く知れ渡っているものではないとしても、本人であるAさんが河本弁護士に提供することに同意するのであれば、河本弁護士に提供する限りでは守秘義務による保護の対象となる「秘密」に該当しないため、その提供は守秘義務違反とはなりません。

Q2●個人情報の第三者への提供②
●●個人情報保護法

　ケースワーク業務を行ううえで取得したAさんに関する情報について、河本弁護士に提供する場合、個人の情報の保護に関する法律[4]（以下、「個人情報保護法」といいます）上の問題は生じないのでしょうか。

4　地方公共団体の個人情報保護制度は、従前、各地方公共団体が条例を定めて規律していましたが、令和3年改正個人情報保護法により、令和5年4月1日以降、地方公共団体の機関（議会を除く）を含む「行政機関等」は、原則として、同法「第5章　行政機関等の義務等」の適用を受けることとなりました。

A 2

1　回　答

　Aさんの親族関係、生活歴、収入・資産や支給した生活保護費、支援状況など、ケースワーク業務を行ううえで取得したAさんに関する情報は、個人情報保護法上の「個人情報」に該当します。

　そして、①Aさんの「個人情報」について、井口CWがその記憶に基づき、河本弁護士に口頭で伝える場合、その行為は特に個人情報保護法上の規律の対象とはならないため、基本的に個人情報保護法上の問題は生じません（ただし、「地方公務員の守秘義務」違反とはなり得ます）。

　他方で、②Aさんのケース記録に綴られている、Aさんの「個人情報」が記載された「保護台帳」や「保護決定（変更）通知書」について、河本弁護士にその写しを送付する場合には、個人情報保護法上、「本人の同意」が必要となります。

　加えて、井口CWには、X市が個人情報保護法の要請に従って定める庁内手続を踏まえた対応が求められます。少なくとも「保護台帳」については、Aさん本人への交付すら予定していない書面であること、「保護台帳」に記載された情報を口頭で伝えれば足り、写しを交付しなければならない必要性が乏しいことを踏まえると、保有個人情報開示請求の手続を経ることなく、河本弁護士への写しの交付が認められることはないと考えます。

2　解　説

(1)　個人情報

　Aさんの親族関係、生活歴、収入・資産や支給した生活保護費、支援

状況など、ケースワーク業務を行ううえで取得したＡさんに関する情報
は、生存する個人（Ａさん）の情報であり、かつ、特定の個人（Ａさん）
を識別することができる状態にありますから、個人情報保護法２条１項
の規定する「個人情報」に該当し、同法に従って適正に取り扱われる必
要があります。

(2)　「地方公務員の守秘義務」と個人情報保護法

「地方公務員の守秘義務」は、その職務の特性上、秘密の保持が必要
とされることを理由に、地方公務員法によって規定されるものであるの
に対して、個人情報保護法[5]は、「個人情報」の有用性に配慮しつつ、個
人の権利利益を保護することを目的とし、地方公共団体に対しても、
「個人情報」を適正に取り扱うよう求めるものです。

そのため、守秘義務が個人情報に限らず広く「職務上知り得た秘密」
を対象として、その秘密の外部への漏えいのみを問題として規律するの
に対し、個人情報保護法は、「個人情報」に関して、取得・利用・保管・
提供・廃棄といったその取扱いの各段階に規律を置くなど、さまざまな
違いがあります。

地方公務員が職務上知り得た「個人情報」については、守秘義務違反
の問題が生じることのないよう配慮するとともに、個人情報保護法上の
規律に従って適正に取り扱うことが求められます。

なお、地方公務員が「職務上知り得た秘密」を第三者に提供しても、
正当な理由がある場合には守秘義務違反とはならないと解釈されていま
すが、いかなる場合に正当な理由が認められるかについて、地方公務員
法は具体的に規定していません。そのため、個人情報保護法上の目的外

5　地方公共団体の機関（議会を除く）を含む「行政機関等」は、原則として、個
人情報保護法「第5章　行政機関等の義務等」の適用を受けます。

利用、提供に関する規律は、守秘義務を解釈するうえでも参考となります。

	地方公務員の守秘義務	個人情報保護法
適用の対象	地方公共団体の職員 ・退職者も適用対象となる	地方公共団体の機関（例：首長）
保護の対象	「職務上知り得た秘密」 ・個人に関する情報に限定されない ・死者に関する情報も含む ・世間に広く知れ渡っている事項は含まない	「個人情報」 ・個人に関する情報に限定される ・死者に関する情報は含まない ・すでに公表され、世間に広く知れ渡っている情報も含む
規律の対象	「漏ら」す行為 ・職員が記憶しているにすぎない情報を口頭で第三者に提供する行為も規律の対象となる ・法令による証人、鑑定人等となり、職務上の秘密に属する事項を発表する場合、任命権者の許可が必要となる	取得・利用・保管・提供・廃棄 ・目的外利用、提供は、紙等の媒体に記録された個人情報（「保有個人情報」）のみが規律の対象となる ・「保有個人情報」の目的外利用、提供は、法令に定めのある場合を除き、本人の同意がある場合等に限り認められる

(3) 「保有個人情報」の目的外利用、提供

　個人情報保護法は、「個人情報」のうち、個々の職員が記憶している「個人情報」の目的外利用、提供については特別の規律を置いていません。

　他方で、「個人情報」のうち、個々の職員が記憶している情報ではなく、組織的に利用するものとして紙等の形のある媒体に記録された情報については、これを「保有個人情報」（個人情報保護法60条1項）としたうえで、その目的外利用、提供を法令に基づく場合を除いて原則禁止し、本人の同意がある場合などに例外的に認めることとしています[6]。ケース

記録に綴られた「保護台帳」や「保護決定（変更）通知書」は「保有個人情報」にあたりますから、その写しを第三者に交付するなどして目的外利用、提供をするためには、原則として、本人の同意が必要となります（同法69条1項・2項）。

(4) 「保有個人情報」の適切な管理のための措置

個人情報保護法は、地方公共団体の長等に対し、「保有個人情報」の漏えい、滅失または毀損の防止その他「保有個人情報」の安全管理のために必要かつ適切な措置を講じることを求めており（同法66条1項）、これを踏まえ、個人情報保護委員会事務局は、必要かつ適切な措置の最小限のものとして、①「保有個人情報」を取り扱う各課の課長（もしくはそれに代わる者）を、「保有個人情報」の適切な管理を確保する任にあたる「保護管理者」に任命すること、②「保有個人情報」の複製や送信等については「保護管理者」の指示に従って行うものとすること、③台帳等を整備して「保有個人情報」の利用および保管等の取扱いの状況について記録すること、等を示しています。[7]

各地方公共団体は、少なくとも①〜③を含む個人情報を適切に管理するための庁内手続を整備しているはずですから、職員は、これら庁内手続に踏まえ、「保有個人情報」を適切に取り扱う必要があります。

Q3 ● 個人情報の第三者からの取得

河本弁護士が起案したAさんの「破産手続開始免責許可申立

6　宇賀克也『新・個人情報保護法の逐条解説』（有斐閣、2021年）440頁以下。

7　個人情報保護委員会事務局「個人情報の保護に関する法律についての事務対応ガイド（行政機関等向け）」（令和4年2月（令和4年10月一部改正））139頁以下参照。

書」や「陳述書」あるいは裁判所から河本弁護士宛てに送達された「決定（破産手続開始）」「決定（免責許可）」等の書面について、Aさんの破産事件の進捗を把握するため、河本弁護士から直接、その写しの交付を受けたいと考えています。このような対応について、個人情報保護法上、問題はないでしょうか。

A 3

1　回　答

　個人情報保護法は、「個人情報」を誰から取得すべきかについて、特に規律を置いていません。

　井口CWが河本弁護士からAさんの「個人情報」が記載された書面を直接受け取ったとしても、個人情報保護法違反とはなりません。

2　解　説

　令和5年4月1日以降、地方公共団体にも個人情報保護法が適用されることになりました。

　そして、個人情報保護法は、「個人情報」を「偽りその他不正の手段」により収集することを禁止する一方で（同法64条）、従来の個人情報保護条例の多くが定めていた「本人収集の原則」（個人情報は本人から収集することを原則とする。）に関しては、対応する規定を置いていません。

　ですから、「個人情報」について、本人とそれ以外から収集が可能な場合に、本人以外からの収集を選択したとしても、個人情報保護法に違反することにはなりません。

Q4● 同意書の作成

　河本弁護士との間でAさんに関する情報を共有することに関して、Aさんの同意を得るにあたり、同意書を作成する必要がありますか。

A4

1　回　答

「個人情報」の共有に関して、法律上、必ずしも書面による「本人の同意」が必要とされているわけではありません。ですが、後日の紛争に備えて、「本人の同意」があったことを証明する証拠としての同意書の作成が望まれます。

もっとも、初回の法律相談時など同意書の書式を備え置いていない場でまで、情報共有に先立ち同意書を作成することにこだわってしまうと、そのために時間をとられ、法律相談にあてる時間がなくなってしまいかねません。状況に応じた柔軟な対応が求められますが、口頭で「本人の同意」を得た場合には、同意を得た旨を必ずケース記録に記入するべきです。

2　解　説

(1)　「本人の同意」の方法・内容

個人に関する情報の共有に関する「本人の同意」は、「地方公務員の守秘義務」（**Q1**参照）を解除する「本人の同意」と「保有個人情報」（**Q2**参照）の目的外利用、提供についての「本人の同意」の双方の意

13

味を含むものです。

　そして、守秘義務を解除する「本人の同意」の方法について、地方公務員法は特に制限を設けていません。また、「保有個人情報」の目的外利用、提供に関する「本人の同意」の方法についても、個人情報保護法は特に制限を設けてはおらず、個人情報保護委員会事務局も「『本人の同意』は、必ずしも書面によることを要しない」との見解を示しています[8]。

　以上を踏まえると、個人に関する情報の共有に関する「本人の同意」は、それが本人の真意に基づくものである限り、書面によるものである必要はないと考えます。

　なお、個人に関する情報の共有に関する「本人の同意」は、事前に本人に対して、①情報共有の目的、②共有される情報の具体的な内容、を示したうえで得るべきと考えます。

　というのも、個人に関する情報の共有に関する「本人の同意」が真意に基づくものであるというためには、本人が本人に関する情報が共有されることによって生じる結果を理解したうえで行ったものでなければなりません。そして、個人に関する情報が共有されることによって生じる結果を正しく予測するためには、少なくとも、①情報共有の目的、②共有される情報の具体的な内容、が特定されている必要があるからです。

(2)　後日の紛争に備える

　「本人の同意」に基づき、本人の支援のために支援者間で本人の個人に関する情報を共有することになったものの、その後の支援の過程で、本人が生活態度や金銭管理の方法について改善を求められるなどして支援に不満を募らせ、その結果、後日になって、情報共有について同意を

8　個人情報保護委員会事務局・前掲（注7）103頁。

した事実まで否定してしまうことも珍しくはありません。そうでなくとも、本人の物忘れや気分の変化が激しいようだと、後日、「本人の同意」の有無が問題となりがちです。

　そのため、後日の紛争に備えて、「本人の同意」があったことを証明する証拠としての同意書の作成が望まれます（具体的な記載内容については、【書式例①】を参考にしてください）。

　そして、弁護士に事件処理を委任するに至る過程で、本人は、「民事法律扶助業務援助申込書」や「代理援助契約書」等の多くの書類に署名を求められ、実際、そのすべてに署名することになります。情報共有に関する同意書への署名だけがことさら取得が困難となる事情は見当たりませんので、その際にまとめて署名を得ておくことをお勧めします。

(3) 口頭での「本人の同意」

　個人情報の共有について「本人の同意」が口頭でしか得られない場合も、時にはあるかもしれません。そうした場合であっても、少なくとも、「本人の同意」を得た旨、また同意を得た際の状況について、ケース記録に記録を残しておくべきでしょう。

　万が一、同意の有無をめぐって審査請求や訴訟となったとしても、ケース記録のように、公務員がその職務の遂行上、職務を行う都度、連続的・継続的に記録する文書には高い信用性が認められるのが通常です。ケース記録に本人の同意が得られた旨の記録があれば、同意はあったものと事実認定がされる可能性が高くなります（逆に、同意があった旨の記録がない場合、裁判官に「同意があった」と事実認定をさせることは相当困難になるものと思われます）。

【書式例①】　情報共有に関する同意書

情報共有に関する同意書

X市長　殿

　私は、下記のとおり、X市が私の個人情報を共有することについて同意します。

記

1　情報共有の相手
　○○県○○市○○町○○-○○
　タイタン法律事務所
　弁護士　河本浩之

2　情報共有の目的
　私の破産手続開始免責許可申立事件に関し、適切かつ円滑な事件処理を行うため

3　共有する情報の内容
　(1)　私の住所及び電話番号、収入・資産、債務、生活歴、病歴、障害歴、親族関係、支給した生活保護費及び生活保護法に基づく支援状況、その他破産手続開始免責許可申立事件の事件処理に関して必要な一切の事項
　(2)　私の破産手続開始免責許可申立事件の事件処理の内容・結果、手続の進捗状況

　　　令和○○年○○月○○日
　　　　　　住所　X市○○町○○-○○　○○荘○○号室
　　　　　　氏名　A

Q5● ケース記録への記録

　　　Aさんに関する情報について、河本弁護士に提供した場合、あるいは、河本弁護士から提供を受けた場合、その都度、ケース記録に記録として残すべきでしょうか。

A5

1　回　答

地区担当員が交替する場合、あるいは、査察指導員（SV）による指導助言を受ける場合に備えて、河本弁護士に情報を提供したとき、または、河本弁護士から情報の提供を受けたときは、その都度、ケース記録に記録として残すべきだと考えます。

2　解　説

ケース記録に記録を残す目的については、一般的に、

① 生活保護制度を使った支援の法的根拠となる客観的事実（例：生活保護利用者の生活状況）を記録としてまとめておくため

② 記録を読み返すことで、統一性・持続性・客観性を確保した、よりよい支援へのヒントをみつけやすくするため

③ 地区担当員が交替しても支援の統一性・持続性を確保できるよう、適切にケースを引き継ぐため

④ 査察指導員が支援の過程、問題の捉え方、方向性について的確に把握することで、査察指導員によるケースワーカーへの指導助言に役立てるため

17

⑤ ケースカンファレンスの基礎資料として役立てるため
だと考えられています。[9]

そして、Ａさんに関する情報について、いつ、どのような情報を河本弁護士に提供し、河本弁護士から提供を受けたかは、まさにＡさんに対する支援の過程そのものです。その一つひとつをケース記録に記録として残すことによって、地区担当員が交替した場合でも、後任者はＡさんの破産事件の進捗を正確に把握し、河本弁護士との情報のやりとりについても、無駄な重複を避けることができます。査察指導員もまた、支援の過程を的確に把握することで、ケースワーカーへの指導助言に役立てることができるものと思われます。

---

9 全国公的扶助研究会監修・吉永純＝衛藤晃編著『よくわかる生活保護ガイドブック②Q&A生活保護ケースワーク支援の基本』（明石書店、2017年）67頁以下参照。

第2章 ■ ■ □

生活保護利用者の
債務整理（総論）

事例 2　債務整理（総論）

　令和 4 年 4 月 5 日、X 市福祉事務所の井口CWは、出勤して早々、X 市で生活保護を利用している B さん（50歳代、男性）の担当者宛てという電話を回された。電話の主は地元の不動産業者である S 不動産で、B さんに住宅を貸しているものの、6 か月家賃を滞納しているため、担当CWから B さんに対して住宅を出て行くように指導してもらいたい、とのことだった。

　電話を終えると、井口CWはすぐに B さんのケース記録を確認した。約 1 年前に生活保護の開始決定が出ていて、以降、毎月 3 万円の住宅扶助が支給されている。B さんは温厚で口数が少なく、これまでに面倒ごとを起こしたこともなかった。「めんどくさいことは勘弁してほしいな〜」と独り言ちして、井口CWは、すぐに B さんを X 市福祉事務所に呼んで事情を確認することにした。

＊

　令和 4 年 4 月 8 日、B さんが X 市福祉事務所の窓口を訪ねてきたので、井口CWは B さんに事情を尋ねた。

B さん　「支払いがいろいろあって、それを払っていたら、家賃払う分がいつの間にかなくなっていて」

井口CW「支払いって、電気、水道、ガスに携帯でしょ？　あとほかに何があるんです？」

B さん　「友だちに毎月 5 万円返していて、それと D 払いの分と……」

井口CW「ちょっと待って。友だちに毎月 5 万円返してる？　借金があるんですか？」

B さん　「借金じゃないです。ただ、生活保護を受ける前ですけど、

　　　　友だちが援助してくれて、それを返してるだけです」

井口CW「……（違う、そうじゃない）……」

　要するに、Bさんは生活保護開始決定が出る前に友人から借入れをして（返済の約束がある以上、相手が友人で「援助」という言葉を使っていても、それは「借入れ」です。この点について、Bさんは誤解しています）、生活保護開始決定後、その返済を続けていたら生活費が足りなくなった、生活費が足りなくなるたびに携帯電話事業者Dコモの提供する決済サービスを利用して食品や日用品を購入していたが、その支払額が高額になり、6か月前からは住宅扶助も含めた生活保護費のほとんどをその支払いにあてている、とのことだった。

　井口CWが保護台帳や収入・資産確認書を確認したところ、いずれも債務の欄には「なし」と書かれている。確かに、生活保護開始当初、Bさんに「借金はありませんか？」と尋ねたところ、「ありません」と回答があった記憶がある。どうしてその時に話してくれなったのよ、そう思いながらも、井口CWは、「家賃はちゃんと支払うようにしてください」と言うとともに、これまでも借金を抱えた生活保護利用者に対して言ってきたのと同じように、「借金については、弁護士に相談したうえで、きちんと整理するようにしてください」と伝えた。井口CWには、その経験上、ほとんどの生活保護利用者は、このように言いさえすれば、どこかしらで弁護士を見つけて対応してくるものだと、そうした思いがあった。

　ところが、井口CWの意に反し、Bさんが矢継ぎ早に、「弁護士に相談と言われても、どこに、どうやって相談に行けばいいのか、わかりません」「弁護士に相談するにしても、お金かかりますよね。そのお金はどうすればいいんですか？」「そもそも弁護士に相談して、それで解決するんですか？」と尋ねてきたので、井口CWは驚いてしまった。あらためてそう聞かれてみると自分でもよくわから

ない、う〜ん、どう答えたものか、井口CWは何も言えなくなってしまった。

Q 6 ● 要保護者からの聴取り

　Bさんは、これまでに「借金はありませんか？」と尋ねても、「ありません」と回答していました。その際、Bさんが嘘をついているようにも感じませんでした。

　どのように対応していれば、Bさんの債務を正確に把握することができたのでしょうか。

A 6

1　回　答

　「借金」はないと認識している要保護者の方に実は借金を含む債務が[1]あった、そういうことはあり得ますし、決して珍しいことでもありません。Bさんの担当ケースワーカーである井口CWがBさんの債務を見落とし、適切な指導指示を行う機会を逸した結果、住宅扶助費を債務の弁済にあててしまったことで、家賃が支払えなくなり、住居からの退去を求められたBさんだけでなく、井口CWもまた、不正に流用された住宅扶助費相当額の徴収（生活保護法78条1項）や、新たな住居のための転居費用をどう工面するかなど困難（そして面倒）な問題に直面すること

1　「債務」とは、特定の人に特定の行為や給付を提供しなくてはならない義務をいい、借金だけではなく、税の滞納、保証債務、分割払いの残代金等を含みます。

になりそうです。

　今回のケースでは、保護の実施機関に報告をしなければならない「借金」がどのような「借金」を指すのか、Bさんと井口CWとの間に認識の齟齬があったものと思われます。

　Bさんに対して債務の有無を聴取するにあたり、Bさんと認識の齟齬が生じることのないよう丁寧な聴取りをすべきであったと考えます。その際、単に借金や債務の有無を尋ねるのではなく、「借金」「債務」とは何を指すのかを具体的に示しながら聴取りを行うべきでしょう。

　加えて、生活歴、預貯金通帳の出入金記録、携帯電話の領収書や利用明細などから債務の存在が発覚することもままあります。井口CWがこれらの確認を怠りさえしなければ、今回のような事態にはならなかったかもしれません。

2　解　説

(1)　丁寧な聴取り

　生活保護の申請にきた要保護者に対して、「借金はありませんか？借金があるのであれば、すべて報告してください」と尋ね、「借金はありません」と回答があったとしても、そのことをもって借金はないと判断するのは早計です。

　そもそも、「借金すべて」と尋ねたとして、これを文字どおり、ありとあらゆる「借金すべて」だと捉える人はいないでしょうし、尋ねた職員自身、ありとあらゆるすべての借金の報告を求めてはいないはずです。「10年前に50万円借りたけど、もうすべて返済した。5年前にも40万円借りたけど、それもすべて返済した」。延々とそのような報告を受けたとしたら、「もう返済が終わったものについては、報告してくれなくて大丈夫ですよ」と返すでしょうし、「昨日、弟から100円借りた。そうい

えば、親に借りた200円もまだ返してない」。そのような報告に対しても、「日常の些細な貸し借りについてまで報告してくれなくても結構ですよ」と応えることでしょう。

そして、何をもって報告しなければならない「借金」と考えるかについては、弁護士としての経験上、大きく個人差があるように感じます。

「借金」とは、銀行や消費者金融など業者から借り入れたものをいうのであって、親類や知人からの借入れは含まれない、と考える人は少なからずいます（正しい認識ではありませんが、それでもあり得ることです）。勤務先から給料を前借りし、次の給料から天引きで返済している場合（労働基準法24条 1 項参照）[2]、これを「借金」と認識しない人はさらに多いかもしれません。債権者から返済を求められないまま何年も経ってしまうと、もう返済しなくてもよい、「借金」はなくなった、そう認識してしまう方もいます（どれだけ時間が経とうが、それだけで借金の返済義務を免れることはありません）（民法145条参照）[3]。

他方で、商品を購入して、その代金を分割で支払っている場合、厳密には「借金」をしたわけではないのでしょうが、その支払いが要保護者の生活に与える影響は借金を返済することと変わらないことを踏まえると、保護の実施機関としては「借金」として報告してもらいたいと考えるはずです。

ですから、生活保護の申請を受け付ける職員や担当ケースワーカーは、要保護者の債務の有無を確認する際、「借金はありませんか？　借金があるのであれば、すべて報告してください」と尋ねるだけでは不十分です。「銀行や消費者金融からだけではなく、ご両親や友人からお金を借

---

[2]　そもそも、雇用主が給料から天引きで貸付金を回収する行為は原則違法です。
[3]　消滅時効を主張するためには、債権者に対し、消滅時効による利益を受ける旨の意思を示す（時効の援用）必要があります。

りてはいませんか？」「給料の前借りはしていませんか？　給料から天引きはされていませんか？」「ずっと請求書が届いていなくても、お金を借りてまだ返していないものがあるのであれば、報告してください」「分割払いで購入して、まだ支払いを続けているものはありませんか？」など、要保護者との間で認識の齟齬が生じることのないよう丁寧な聴取りを行うべきだと考えます。

(2)　生活歴の確認

生活歴に着目して聴取りを行うことで、生活保護利用者本人すら認識していない「債務」の存在があぶり出されることが往々にしてあります。

(ア)　職　歴

失業し収入がない時期がある場合、その間の生活費を借入れで賄っていた可能性があります。

なお、職歴については、被保険者記録照会回答票[4]を参照することで、より正確に把握することができます。

(イ)　転居歴

転居歴を確認し、そのすべての住所について、持ち家か賃貸物件かの別を聴き取ります。

住宅ローンを組んで購入した持ち家からの転居歴がある場合、住宅ローンの残債がある可能性があります。特に自宅が競売されている場合にはその可能性が高くなります。法務局から自宅土地建物の全部事項証明書を取り寄せたうえで、その「乙区欄」に本人を債務者とする「抵当権設定」の記録がないか、確認するべきでしょう。

また、賃貸物件からの転居歴がある場合、転居の理由を尋ねることで、

4　本人であれば、最寄りの年金事務所、年金相談センターの窓口で取得することができます。

転居元での家賃の滞納が判明することがあります。

　さらに、転居には相当額の費用がかかるため、費用を捻出するために借入れをすることも珍しくはありません。転居に要した額、その原資についても聴き取る必要があります。

　なお、転居歴は、戸籍の附票を参照することで、より正確に把握することができます。

　　(ウ)　結婚・離婚歴

　結婚歴がある場合、婚姻期間中、配偶者が本人名義のクレジットカード等を利用して借入れをしていたケース（本人は配偶者が借りたものと認識しており、自身の借入れであるとの認識がありません）があり得ることに留意が必要です。

　また、離婚歴がある場合には、慰謝料債務や養育費債務（子どもがいる場合）を負っている可能性があります。預金等の差押えを受ける可能性の有無を判断するためにも、協議離婚か、それとも調停・審判・裁判による離婚だったのかも含め、可能な限り詳細に事情を聴取するべきです。

(3)　預貯金通帳の出入金履歴の確認

　保護の実施機関は、生活保護利用者に対し、少なくとも12か月に1回は資産の申告を求めることとされており（手帳255頁以下、課長通知第3の13）、その際、生活保護利用者名義の預貯金通帳の写しの提出を求めているはずです。

　預貯金通帳の出入金履歴には、当該預貯金を開設している金融機関からの「貸付」「返済」だけでなく、他の金融機関や消費者金融による「振替」、個人名からの「振込」や個人名への「送金」など、当該生活保護利用者の借入れもしくは返済の事実を裏付ける記録が残されている可能性があります。

預貯金通帳については、単に残高（現在の資産の額）を確認するだけではなく、出入金履歴の一つひとつについて、「振替」や「振込」「送金」の具体的な内容、見慣れない取引先名や個人名については本人との関係性も含めて必ず聴取りを行い、本人の債務についてより正確に把握するよう努めるべきです。

(4) 携帯電話料金の利用明細の確認

各携帯電話事業者が提供しているサービスであるキャリア決済について、これを「借金」や「債務」だと認識することなく利用している方が生活保護利用者に限らず一定数います。[5]

月々の携帯電話料金が高額である場合、キャリア決済の利用が疑われますので、その利用明細を確認する必要があります。

(5) 経験から学ぶ

キャリア決済に限らず、金融サービスは日々、多様化・複雑化していて、なかには、利用者が「借金」や「債務」だと認識しにくい、だからこそ心理的抵抗なく利用できるものも少なくないように思います（それが金融サービスを提供する側の狙いなのかもしれません）。「借金」や「債務」だと認識することなくサービスを利用している場合、本人が自主的にその利用を申告することは期待できません。担当ケースワーカーが丁寧に聴取りを行い、生活保護利用者の「借金」や「債務」の発見に努める必要があります。そのためには、担当した生活保護利用者がこれらの金融サービスを利用していた事実を見落としてしまった過去の経験から学び、次に活かすことこそが、ケースワーカーに求められています。

5　「キャリア決済」とは、購入した商品代金、デジタルコンテンツで課金した料金を翌月の携帯電話料金と合算して支払うことができる後払い決済システムです。

Q7● 弁護士につなぐ①
適切な相談窓口の選択

　弁護士会、日本司法支援センター（以下、「法テラス」といいます）、個々の弁護士事務所など、法律相談の窓口がたくさんあって混乱しています。

　生活保護利用者であるＢさんが債務整理について法律相談を希望する場合、担当ケースワーカーとして、どの相談窓口を案内するのが適切でしょうか。

A7

1　回　答

　生活保護利用者が債務整理について法律相談を希望する場合、①法律相談料の負担がないこと（無料法律相談）だけではなく、②担当弁護士が相談者である生活保護利用者の「生活の維持、向上」（生活保護法27条1項）に配慮した適切な債務整理の方法を選択すると期待できること、③担当弁護士が民事法律扶助を利用しての事件処理の依頼に対応していること、④申込み後速やかに法律相談を実施できること、も踏まえて相談窓口を選択する必要があります。

　なお、弁護士会が設置している「借金」もしくは「債務整理」の相談窓口であっても、①～④については地域によって実情が大きく異なります。そして、そういった実情はその地域の弁護士に確認するほか知りようがありません。ケースワーカーとして、可能な限り、日頃から地域の弁護士と連携をし、情報収集に努めることが望まれます。

2　解　説

(1)　窓口選択の際の考慮要素～生活保護利用者の債務整理についての法律相談の特殊性

　(ア)　法律相談料の負担

　弁護士に法律相談をする場合、原則として、法律相談料を支払う必要があります。

　法律相談料の額は個々の弁護士によって異なりますが、30分5,500円（税込み）と設定している弁護士が多いようです。

　もっとも、生活保護利用者の場合、この法律相談料の負担は困難だと思われますので、民事法律扶助（制度のしくみについて、**Q12**参照）の利用に対応しているなど、法律相談料の負担なく法律相談を受けることができる相談窓口を選択すべきです。

　(イ)　生活保護利用者の「生活の維持、向上」に配慮した債務整理の方法の選択

　債務整理の方法として、大きく、①任意整理、②自己破産の申立ての二つが考えられますが（**Q10**参照）、生活保護利用者の場合、生活保護費を含めその収入を弁済の原資にあてることは、おのずと最低限度を下回る生活を余儀なくされることを意味します。ですから、生活保護利用者の「生活の維持、向上」に配慮したとき、特段の事情がない限り、返済することを前提とする任意整理（①）ではなく、自己破産の申立て（②）が選択されるべきです。

　もっとも、事件処理に対する考え方は弁護士によって千差万別です。生活保護利用者から債務整理についての相談・依頼を受けた場合であっても、その生活実態や家計の収支の内容いかんを問うことなく、任意整理（①）の方法で事件処理を行う弁護士も存在するようです（債務者は、

弁護士費用もしくは債権者への弁済の原資の積立て名目で、弁護士に対して毎月一定額の支払いを開始しますが、多くの場合、事件処理が終了する途中で支払いの継続が困難となります。すると、弁護士が債務者との委任契約を解除するため、債務者は、あらためて他の弁護士に自己破産の申立て（②）の事件処理を依頼せざるを得ない状況に陥ります）。

　したがって、生活保護利用者の債務整理については、本人の「生活の維持、向上」に配慮して事件処理の方法を選択する弁護士が担当する法律相談窓口を選択することが肝要となります。

　　(ｳ)　事件処理を依頼する際の民事法律扶助の利用

　弁護士に法律相談をした後、事件処理を依頼する場合、原則として、弁護士費用等を負担する必要がありますが、生活保護利用者にとってこの弁護士費用等の負担はおそらく不可能です。

　そして、生活保護利用者は、債務整理の事件処理を弁護士に依頼する場合、民事法律扶助（制度のしくみについて、**Q12**参照）を利用することにより、弁護士費用等の負担を免れることができるのですが、すべての弁護士が民事法律扶助を利用しての事件処理の依頼を受け付けているわけではありません。

　ですから、事件処理を依頼することまで見据え、民事法律扶助の利用に対応している弁護士が担当する法律相談窓口を選択することが肝要となります。

　　(ｴ)　申込み後速やかに法律相談を実施できること

　法律相談の申込みをしても、申込みをした当日、あるいは数日以内に法律相談を実施できるケースは多くないと思われます。担当弁護士の都合や地域の実情にもよりますが、2週間～3週間先まで相談枠の空きがないこともあります。

　もっとも、すでに裁判所から貸金の返還を求める内容の訴状を受け

取っている場合など、可能な限り速やかな事件処理への着手が求められる場合もありますし、そうでなくとも、申込みをしてから法律相談の実施日までに時間が空いてしまうと、せっかく債務整理に取り組むと決心した生活保護利用者の熱が冷めてしまうことにもなりかねません。

　申込み後速やかに法律相談を実施することができる法律相談窓口を選択することがより望ましいといえます。

(2)　弁護士会の設置する「借金」「債務整理」無料法律相談窓口

⑦　弁護士会とは

　弁護士会とは、弁護士の指導、連絡および監督に関する事務を行う法人で（弁護士法31条1項・2項）、地方裁判所の管轄区域ごとに設立されており（同法32条）（通称：単位会）、さらに、この全国の単位会が日本弁護士連合会（通称：日弁連）を設立しています（同法45条1項）。

　日本で弁護士となるためには、単位会を経て日弁連に備えた弁護士名簿に登録される必要があります（弁護士法8条・9条）。ですから、日本の弁護士は、日弁連の弁護士名簿に登録され、日弁連と全国いずれかの単位会の両方に必ず所属していることになります。

　北海道と東京都を除いた全国45府県には、それぞれ一つの単位会が設立されています。北海道では札幌、函館、旭川、釧路と各地方裁判所の管轄区域に対応して設立されていて、東京都のみ、歴史的経緯から三つの弁護士会（東京弁護士会、第一東京弁護士会および第二東京弁護士会）が存在しています。加えて、各単位会がその支部（例：青森県弁護士会には八戸支部と弘前支部とが設置されています）を設置している場合もあります。

⑦　相談窓口の特徴

　多くの単位会は、「借金」や「債務整理」に関する無料法律相談窓口を設置しています。これらの相談窓口では、法律相談を担当する弁護士

に対し、単位会による指導・監督が期待できることから、少なくとも、担当弁護士が相談者の「生活の維持、向上」に配慮することなく債務整理の方法を選択することはないものと思われます。

　また、単位会によっては、事件処理の依頼を受けた場合には民事法律扶助（制度のしくみについて、**Q12**参照）の利用を義務づけるなどして、法律相談時だけではなく、その後に事件処理を受任する場面でも相談者・依頼者の経済的負担に配慮している場合があります。

　加えて、単位会が設置している「借金」や「債務整理」の相談窓口では、これらの法律問題を抱える人の多くが速やかな法律相談の実施を希望している現状を踏まえ、申込みして数日〜1週間以内に法律相談を実施できるように制度設計されている場合もあります。筆者の所属する青森県弁護士会のむつ地区管内では、法テラスの相談窓口、あるいは三つある法律事務所のいずれかに直接連絡をして法律相談の申込みをする場合、2週間以上先まで相談枠が空いていないことがほとんどですが、青森県弁護士会の設置する「借金整理無料相談」窓口に連絡をして法律相談の申込みをすると、原則として3営業日内に法律相談を受けることができます。

(ウ)　相談窓口での法律相談の申込み

　各単位会の設置する「借金」や「債務整理」相談窓口での法律相談の申込みの方法については、各単位会のウェブサイトに掲載されています。

　筆者の所属する青森県弁護士会のウェブサイトでは、「借金整理無料相談」のページがあり、予約・問合せの連絡先（フリーダイヤル）、受付時間（平日午前9時から午後5時まで）に加えて、「原則としてお申込み日を含め3営業日以内にお近くの地域の担当弁護士の事務所で相談をお受けします。ご予約の際は、借金整理無料相談希望とお話しください」との案内がされています。[6]

(3)　法テラスの設置する相談窓口

(ア)　法テラスとは

　法テラスとは、刑事・民事を問わず、国民がどこでも法的なトラブルの解決に必要な情報やサービスの提供を受けられるようにしようという構想の下、総合法律支援法に基づき、平成18年4月10日に設立された法務省所管の公的な法人です。[7]

(イ)　相談窓口の特徴

　法テラスでは、経済的に余裕がない方に対して、無料法律相談の窓口を設置しています。生活保護利用者は、「経済的に余裕がない方」にあたり、この相談窓口を利用して無料で法律相談を受けることができます。

　そして、民事法律扶助（制度のしくみについて、**Q12**参照）の目的について理解したうえで法テラスと契約をした弁護士が法律相談を担当しますので、相談者の「生活の維持、向上」に配慮した対応が期待できます。

　また、法律相談後に弁護士に事件処理を依頼する際にも、民事法律扶助の利用が前提となりますので、生活保護利用者の方は弁護士費用等の負担を気にする必要がありません。

(4)　個々の弁護士事務所

　個々の弁護士事務所でも無料法律相談窓口を設置している場合があり、また、24時間・365日スピーディーな対応を売りにしていることもあるようです。

　もっとも、生活保護利用者の債務整理の相談について、過払金返還請求のみしか対応していなかったり、過払金が発生しない場合には、相談

6　青森県弁護士会「借金整理無料相談」〈http://www.ao-ben.jp/html/saimusoudan.html〉（2024年2月19日閲覧）。

7　日本司法支援センター「かんたん解説『法テラス』」〈https://www.houterasu.or.jp/madoguchi_info/houterasutowa/index.html〉（2024年2月19日閲覧）。

者・依頼者の生活実態や家計の収支の内容いかんを問うことなく、任意整理（①）の方法による事件処理を選択する弁護士事務所も存在するようです。

　担当ケースワーカーとして、生活保護利用者によるこれら無料法律相談窓口の利用については、慎重に検討する必要があると考えます。

	弁護士会が設置する「借金」「債務管理」相談窓口	法テラスが設置する法律相談窓口	個々の弁護士事務所が設置する無料法律相談窓口
「生活の維持、向上」に配慮した対応	○ 担当弁護士に対する弁護士会の監督指導があるため、相応の配慮が期待できる	○ 担当弁護士は民事法律扶助の目的について理解しており、相応の配慮が期待できる	△ 担当弁護士による
民事法律扶助を利用した受任の可否	○ 相談者・依頼者の経済的負担に配慮した制度設計になっていることがある	◎ 民事法律扶助の利用が前提である	△ 担当弁護士による
申込みから法律相談実施までに要する期間	△ 地域の実情によるが、速やかな相談実施への配慮がされていることがある	△ 地域の実情による	△ スピーディーな対応を売りにしている場合がある

Q8● 弁護士につなぐ②
●●法律相談に持参すべき書類

　Bさんは、弁護士会の設置する無料法律相談窓口に電話をして、法律相談の申込みを済ませたようです。法律相談の際、Bさんが持参すべきものがありますか。

A8

　担当ケースワーカーからも、Bさんに対し、法律相談の際には、債権者から送られてきた請求書や督促状、あるいは裁判所から送られてきた「訴状」や「判決」など、少しでも自身の債務に関係がありそうだと思う書類はすべて持参するように助言をしてください（予約受付時にも同様の案内を受けているはずなのですが、にもかかわらず、何も持たずに法律相談に来られる方が相当数います）。担当弁護士がこれらの書類に目を通し正確に債務の内容を把握することによって、限りある時間の中での法律相談がより実のあるものとなります。

Q9● 弁護士につなぐ③
●法律相談から事件処理着手までの流れ

　Bさんが法律相談の申込みをし、弁護士に相談、事件処理を依頼した後、実際に弁護士が事件処理に着手するまで、どのような流れになるのでしょうか。

A9

　まず、Bさんは、住所地の最寄りの弁護士会（単位会）（**Q7**参照）のウェブサイトを確認するなどして、「借金」あるいは「債務整理」に関する法律相談の窓口に電話をし、法律相談の申込みをしたはずです（①）。

　その後、法律相談の日時が決まったら、Bさんは、決められた日時に担当弁護士の事務所に行き、法律相談を受けます（②）。このとき、債権者から届いた請求書や裁判所から届いた「訴状」等を必ず持参するよ

う、Bさんに助言をしてください。

　生活保護利用者の方が法律相談後、自己破産の申立ての事件処理を弁護士に依頼する場合、民事法律扶助（制度のしくみについて、**Q12**参照）の利用が前提となります。民事法律扶助による援助の申込みは、担当弁護士に必要書類を提出し、担当弁護士を通じて行います（③）。

　その後、民事法律扶助の援助開始決定が出たら（④）、担当弁護士の下に「決定書（援助開始）」「代理援助契約書」が届きます。「代理援助契約書」に署名押印をし、担当弁護士との間で委任契約を締結すると（⑤）、事件を受任した担当弁護士は、速やかに債権者に対して「受任通知」を発送し、事件処理に着手します。

　法律相談の申込みから事件処理に着手するまでにどの程度の期間を要するかについては、地域によって事情が異なります。筆者の所属する青森県弁護士会の場合、法律相談の申込みから法律相談を実施するまでに3営業日以内、その後、必要書類を揃えて民事法律扶助による援助の申込みをして、援助開始の決定が出るまでに2週間以上を要する結果、法律相談の申込みから事件処理の着手までには3週間以上要することが多

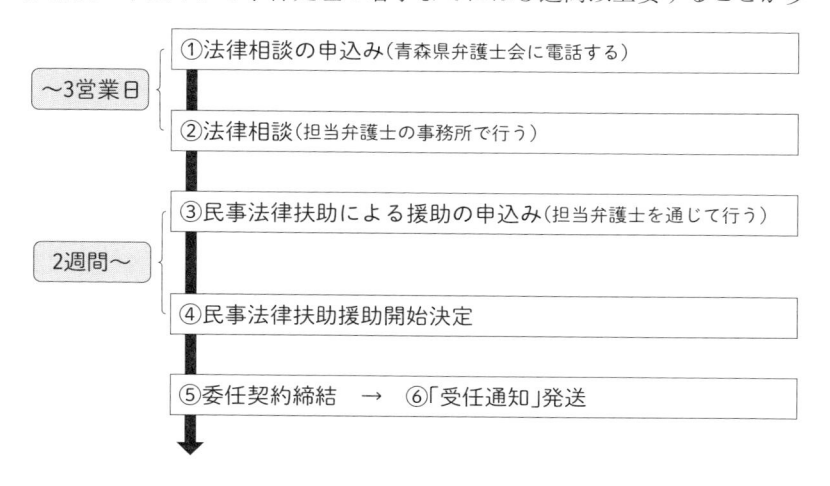

〜3営業日
①法律相談の申込み（青森県弁護士会に電話する）
②法律相談（担当弁護士の事務所で行う）

2週間〜
③民事法律扶助による援助の申込み（担当弁護士を通じて行う）
④民事法律扶助援助開始決定

⑤委任契約締結　→　⑥「受任通知」発送

い印象があります。

Q10● 債務整理の方法①
任意整理と自己破産の申立て

生活保護利用者が選択し得る債務整理の方法には、どのようなものがありますか。

A10

1　回　答

生活保護利用者の債務整理の方法としては、①任意整理と②自己破産の申立ての二つが考えられます。

任意整理（①）とは、返済が行き詰まった債務について、弁護士が債権者（貸主である金融機関や消費者金融業者）と直接交渉をして、月々の返済額を減額する（その代わり返済期間はさらに長期となります）など債務者が返済を継続できる方法での和解成立をめざす手続です。

他方、破産手続とは、自身の収入・資産では債務の返済ができない状態にある債務者の財産を現金化したうえで、債権者に公平に分配することを目的とした制度です（破産法2条1項）。破産手続の申立てを行うと、この破産手続によっても返済できないで残った債務について、その返済義務を免除する裁判所の許可（免責許可）を求める申立てを行うことができるようになります。この免責許可を得るため、債務者自らが裁判所に対して破産の申立てをすることを自己破産の申立て（②）といいます。

生活保護利用者が債務整理を行う場合には、債務の総額、収入（将来

の収入の見込みも含む）・資産等を踏まえ、それぞれのメリット・デメリットを検討したうえで、いずれかの方法を選択する必要があります。

2　解　説

⑴　任意整理と自己破産の申立ての相違点

㋐　返済義務

任意整理は、返済を前提に返済の方法について債権者と交渉する手続ですから、和解成立後は、その内容に従って返済を継続する必要があります。

他方、自己破産の申立てをして免責許可決定が確定した場合、一部の債権（非免責債権）（破産法253条1項）[8]を除いてその返済義務が免除されます。

㋑　事件着手後の新たな借入れ

任意整理の場合、依頼を受けた弁護士が事件処理に着手した後、依頼者が新たな借入れをしても、借り入れた行為自体が違法と評価されるわけではありません（任意整理をしている依頼者の借入れの申込みに応じてくれる業者がはたして存在するのか、疑問はあります。また、生活保護利用者が借入れをした場合、原則、その借入金が収入として認定されることにも留意が必要です）（手帳395頁以下、局長通知第8-2(3)）。他方、自己破産の申立てを弁護士に依頼した場合、受任した弁護士は、依頼者に対し、少なくとも事件処理が終了するまでの間、新たな借入れは絶対行わないようにと釘を刺すはずです。自ら債務の返済ができない状態にあることを知りながら（返済する意思がないにもかかわらず）、そのことを隠して新

8　免責許可を受けても返済義務が免除されない債権を非免責債権といい、税金（破産法253条1項1号）、養育費請求権（同項4号ハ）や罰金（同項7号）などがこれにあたります。

たに借入れをする行為は「詐欺」と評価され得る行為だからです。

(ウ)　整理の対象となる債務

　任意整理の場合、返済が行き詰った債務のみを選択して、事件処理をすることが可能です。ローンで商品（例：自動車）を購入した場合、ローンの返済を止めてしまうと、購入した商品を引き揚げられてしまうことがあります。また、債務に保証人がついている場合、返済を止めてしまうと、保証人が借り入れた本人に代わって返済を求められることになり、保証人に迷惑がかかります。自動車ローンや保証人がついている債務など、特定の債務について、そのまま返済を継続しなければならない事情がある場合、柔軟な解決を図ることができるのは任意整理を選択する大きなメリットといえます。

　他方、破産手続は、債務者の財産を債権者に公平に分配することを目的とする制度ですから、原則として、すべての債権者は公平に取り扱われる必要があります。特定の債務、特定の債権者にだけ返済をする、といったことは原則として認められていません（破産法252条1項3号）。[9]

(エ)　債務者の財産への影響

　任意整理を選択した場合、債務者自身の財産の処分を強制されることはありません。

　他方、自己破産の申立てを選択した場合、原則として、債務者自身の財産はすべて現金化したうえで、債権者に公平に分配されることになります。もっとも、破産したからといって債務者を裸一貫で放り出すのでは、その後の債務者の生活が立ち行かなくなりますので、現金・預貯金・保険の解約返戻金・退職金・自動車など合計価額99万円以下の財産

9　特定の債権者にだけ返済を継続した場合、免責許可を得られないことがあります。

（破産法34条 3 項 1 号、民事執行法131条 3 号、民事執行法施行令 1 条参照）や生活に欠くことのできない衣服・寝具・家具・台所用具・畳・建具（破産法34条 3 項 2 号、民事執行法131条 1 項 1 号）など、一定の財産を債務者の手元に残すことが認められています。

(オ)　債務者の仕事への影響

任意整理を行っても、特に職業上の制約を受けることはありません。

他方、自己破産の申立てを選択した場合、破産手続の開始決定後、免責許可決定を得てその決定が確定する（「復権を得る」）（破産法255条 1 項 1 号）までの間、職業上の制約を受け、弁護士等の士業（弁護士法 7 条 4 号、司法書士法 5 条 3 号、税理士法 4 条 2 号、社会保険労務士法 5 条 2 号等）、警備員（警備業法14条 1 項・ 3 条 1 号）、保険の外交員（募集人）（保険業法279条 1 項 1 号・307条 1 項 1 号・279条 1 項 1 号）などの職に就くことができなくなります。

(カ)　官報への掲載

よくある誤解ですが、破産をしても、戸籍に破産した事実が記載される、親族や勤務先（債権者である親族や勤務先は除きます）に通知がいく、というようなことはありません。ですが、破産手続の開始決定がされると、官報に氏名、住所、破産した事実が掲載されます。[10] 官報はウェブサイト上での閲覧も可能ですので、破産した事実を親族や知人には絶対に知られたくないとの要望に沿うことはできません。

他方、任意整理を行う場合、官報に掲載されることはありません。

(キ)　事件処理の煩雑さ

自己破産の申立てをする場合、裁判所に対して、自身の収入・資産を

10　「官報」とは、法令、条約、告示、国会事項、人事異動、叙位・叙勲、皇室事項などを、国が一般国民に知らせるために独立行政法人国立印刷局が発行する日刊機関紙です。

疎明する資料（例：1年～2年分の出入金の記録が記帳された預貯金通帳、所有不動産の登記簿、固定資産評価証明書）の提出が求められます。また、毎月の収支を確認するために家計収支表の作成が必要となるほか、借入金の使途や自己破産申立てに至るまでの経緯等の説明も求められます。これら自己破産申立ての準備のため、通常、受任弁護士と複数回の打合せを行います。

　他方、任意整理を選択した場合、個別の債権者と直接交渉するにあたり、収入・資産に関する疎明資料の提出や借入金の使途や返済が行き詰った経緯についての説明を求められることはほとんどありません。受任弁護士が依頼者とほとんど打合せをすることなく事件処理を進めることもあるようです。

(2)　その他留意すべき事項～信用情報機関への登録

　信用情報機関とは、個人のカードローンやクレジットカードなどの契約、返済、滞納に関する情報（信用情報）を管理・提供する機関のことで、銀行、クレジットカード会社や消費者金融業者は、個人からローン、クレジットや借入れの申込みを受け付けると、信用情報機関から信用情報の提供を受けて審査をし、サービスの提供の可否を判断します。信用情報機関に滞納に関する情報（事故情報）が登録されていると、この審査に通りにくくなるため、ローン、クレジットを利用できない、借入れを受けることができない状態になります（このような状態は「ブラックリストに載る」と表現されることがあります）。

　任意整理を選択した場合には、自己破産の申立てを選択した場合とは異なってブラックリストに載らない、と誤解されている方がいますが、債務整理の方法の選択の問題以前に、当初決められていた返済期限を守ることができなくなった時点で信用情報機関には事故情報がすでに登録されています。

　なお、この事故情報は、滞納が解消された日（債務を完済した日もしくは免責許可決定が確定した日）から 5 年〜 10年で抹消されるといわれています。生活保護利用者が、将来、生活保護を脱却してローンやクレジットカードを利用したいと希望している場合、速やかに債務整理の問題の解決に着手するよう助言すべきです。

	任意整理	自己破産の申立て
返済義務	返済方法の変更にとどまり、返済義務は免除されない	非免責債権（例：滞納税）を除き、その返済義務が免除される
事件処理着手後の新たな借入れ	違法ではない	詐欺と評価され得る
整理の対象となる債務	債務者が選択できる	すべての債務が対象となる
債務者の財産への影響	処分を強制されない	原則として、現金化したうえで、債権者に公平に分配される
債務者の仕事への影響	特にない	破産手続開始決定の日から免責許可決定の確定の日までの間、職業上の制約がある
官報への掲載	ない	氏名、住所および破産した事実が掲載される
事件処理の煩雑さ	債権者と交渉するにあたり、疎明資料の提出や借入金の使途等の説明を求められることはほとんどない	裁判所に対し、疎明資料や家計収支表の提出、借入金の使途や破産申立てに至った経緯等の説明が必要となる
信用情報機関への登録	当初決められた返済期限を守ることができなくなった時点で事故情報がすでに登録されている	

Q11 ● 債務整理の方法②
● 生活保護利用者の任意整理

　生活保護利用者が債務整理をする場合、自己破産の申立て以外に選択肢はないのでしょうか。

A11

1　回　答

　生活保護利用者の場合、特段の事情がない限り、債務の総額が20万円～30万円であったとしても、債務を一般的かつ継続的に弁済できない状態にあるといえますから、債務整理の方法としては自己破産の申立てを選択すべきです。

　もっとも、早期の生活保護からの脱却が見込まれる場合など特段の事情がある場合には、任意整理を選択すべき場合があります。

2　解　説

(1)　特段の事情がない限り、生活保護利用者は「支払不能にある」

　生活保護利用者が支給を受けた生活保護費を含め自身の収入・資産をどのように処分しようが、それが保護の目的に相反するものでない限り、自由です。自身の収入・資産を借金の返済にあてる、そのこと自体が否定される理由はありません。

　ですが、生活保護利用者がその収入を返済の原資にあてるということは、おのずと最低限度を下回る生活を余儀なくされることを意味します。ですから、生活保護利用者は、特段の事情がない限り、債務を一般的か

43

つ継続的に弁済できない状態にある（「支払不能にある」）（破産法15条1項）[11]といえ、破産の要件を満たします。最低限度を下回る生活を余儀なくされてなお、自己破産の申立てを選択しない理由はありません。

　ただし、就労などによって生活保護からの早期の脱却が見込まれ、かつ、債務の総額が少額である場合、必ずしも「支払不能にある」と評価されるとは限りません。

　それに加え、自己破産の申立ての事件処理を弁護士に依頼するにあたって民事法律扶助（制度のしくみについて、**Q12**参照）を利用すると、法テラスに対し、約17万円（同時廃止事件の場合）もしくは約37万円（管財事件の場合）の償還（返済と同じ意味です）の義務を負うことになりますが（同時廃止事件・管財事件の別について、**Q19**参照）（法テラスに償還しなければならない立替金の種類と額について、**Q13**参照）、事件処理を終了した時にすでに生活保護を脱却していると、原則として、この償還義務が免除されません[12]。仮に20万円の債務がある生活保護利用者が、民事法律扶助を利用して自己破産の申立てをし、管財事件として処理され、この債務の返済義務が免除（免責）されたとしても、事件処理が終了する以前に生活保護から脱却した場合には、事件処理終了後、法テラスに対し、約37万円を償還しなければならなくなります。自己破産の申立て

11　なお、「支払不能」というためには、弁済できない状態が一般的かつ継続的である必要があります。特定の債務の弁済ができていなくても、たとえば、その債務について返済の方法（例：月々の返済額）を変更するなどすれば、他の債務も含めて弁済が可能になる場合、一般的に弁済できない状態にはないので、「支払不能」とは判断されません。また、弁済できない状態が単に一時的なものなのであれば、継続的に弁済できない状態にはないので、「支払不能」とは判断されません。

12　生活保護利用者以外の人であっても、収入要件、資産要件、資力回復困難要件のすべてを満たす場合、法テラスへの償還の免除が認められる場合があります（日本司法支援センター業務方法書（以下、「業務方法書」といいます）65条1項2号）。

をしたがために、申立て以前よりも債務の額が増えるのではあまりに不合理です。

　ですから、生活保護からの早期の脱却が見込まれ、かつ、債務の総額が少額であるなど、特段の事情がある場合には、生活保護利用者であっても、任意整理を選択すべきです。

Q12● 民事法律扶助①制度のしくみ

　生活保護利用者に対しては、いつも、「法テラスを利用して弁護士さんにお願いして」「弁護士費用が無料になるから」と案内しています。ですが、実際のところ、法テラスというものがどのような制度なのか、よくわかっていません。このように案内して問題はないのでしょうか。

A12

1　回　答

　法テラスを利用した場合、法テラスが事件を受任した弁護士に対して弁護士費用等を立て替えて支払い、この立替額を、利用者は法テラスに対して分割で償還（返済と同じ意味です）する必要があります。

　この償還義務が猶予・免除されることがありますが、生活保護利用者であっても、必ず猶予・免除されるとは限りません。「弁護士費用が無料になるから」という案内は誤解を招き不正確です。

45

2　解　説

　生活保護のケースワーカーを含め多くの福祉職の方が単に「法テラス」と呼んでいる制度は、日本司法支援センターが行う、法的トラブルを抱えた経済的に余裕のない方などに対して、無料法律相談（「法律相談援助」）、弁護士・司法書士の費用等の立替え（「代理援助」「書類作成援助」）等のサービスを提供する民事法律扶助業務のことです[13]。

　この民事法律扶助を利用する場合、弁護士費用等については、あくまで法テラスが利用者の代わりに受任弁護士に立て替えて支払っているのであって、原則として、法テラスが受任弁護士に立て替えて支払った額を、利用者は法テラスに分割で償還する必要があります。

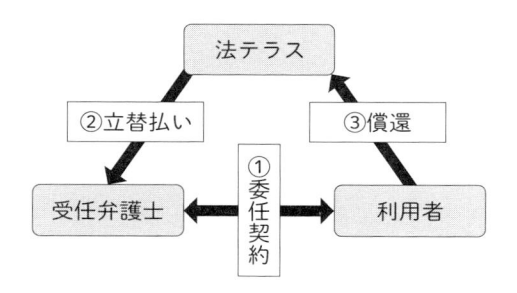

　もっとも、利用者が生活保護を利用している場合、受任弁護士が事件処理している間はこの償還義務を猶予する運用がされています（業務方法書31条1項1号）。そして、事件処理によって事件の相手方等から金銭を受け取ったとき（例：損害賠償請求事件で賠償金を受領した場合、相続事件で金銭を受領した場合）には、まず、その受け取った金銭が償還にあ

13　日本司法支援センター「民事法律扶助」〈https://www.houterasu.or.jp/housenmonka/fujo/index.html〉（2024年 2 月20日閲覧）。

てられます（業務方法書49条３項）。そのうえで、事件処理が終了してなお生活保護の利用を継続している場合には、残りの償還義務の免除を申請することができます（業務方法書65条１項１号）。結果として、生活保護利用者が民事法律扶助を利用した場合、利用者は弁護士費用等の経済的負担をする必要がないことがほとんどではありますが、「無料になる」と言い切ってしまうのは誤りです。

Q13● 民事法律扶助②
債務整理事件の立替金の種類と額の目安

　Ｂさんは、自身の債務整理について、民事法律扶助（制度のしくみについて、Q12参照）を利用したうえで、その事件処理を弁護士に相談・依頼したいと考えているようです。

　民事法律扶助を利用して債務整理の事件処理を弁護士に依頼した場合、法テラスが受任弁護士に対して立て替えて支払い、その後、利用者が法テラスに対して返済しなければならない費用（立替金）について、その種類と額を教えてください。

A13

1　回　答

　立替金の種類は、原則として「実費等」および「着手金」ですが、自己破産申立ての場合にはこれに「（裁判所に対する）予納金」が加わります。

　任意整理の場合、立替金の額は債権者の数により異なりますが、最低

（債権者 1 社の場合）でも、「実費等」として 1 万円、「着手金」として 3 万3,000円、計 4 万3,000円となります。

　他方、自己破産の申立ての場合、立替金の額は債権者の数や同時廃止事件・管財事件の別により異なりますが、最低（債権者 1 社〜 10社、同時廃止事件として処理される場合）でも、「実費等」として 2 万3,000円、「着手金」として13万2,000円、「予納金」として約 1 万1,000円、計約16万6,000円となります。

2　解　説

(1)　代理援助立替基準

　民事法律扶助を利用して弁護士に事件処理を依頼した場合の立替金の種類と額については、「代理援助立替基準」「民事法律扶助業務運営細則」として法テラスのウェブサイト上に掲載されています（令和 6 年 1 月 1 日現在）。

(2)　任意整理の場合の立替金の種類と額

　仮に債権者数が 5 社で基準額を増減する事情がない場合、郵便料金や交通費、コピー代等の「実費等」にあてる額として 2 万5,000円、これ

	実費等（基準額）	着手金（基準額）	報酬金
債権者数			
1 社	10,000円	33,000円	
2 社	15,000円	49,500円	
3 社	20,000円	66,000円	
4 社	20,000円	88,000円	なし
5 社	25,000円	110,000円	
6 社〜10社	25,000円	154,000円	
11社〜20社	30,000円	176,000円	
21社以上	35,000円	198,000円	

に加えて「着手金」[14]として11万円、合計13万5,000円が法テラスから受任弁護士に立て替えて支払われ、民事法律扶助を利用した依頼者（利用者）は、法テラスに対し、この合計13万5,000円を分割して償還（返済と同じ意味です）することになります。事件処理終了後、「報酬金」[15]は発生しません。

(3)　自己破産の申立ての場合の立替金の種類と額

債権者数が1社〜10社で基準額を増減する事情がない場合、郵便料金や交通費、コピー代等の「実費等」にあてる額として2万3,000円、これに加えて「着手金」として13万2,000円、合計15万5,000円が法テラスから受任弁護士に立て替えて支払われます。事件処理終了後、「報酬金」は発生しません。

加えて、自己破産の申立てをする場合、一定額を裁判所に予納する必要がありますが（これを「予納金」といい、金額は裁判所によって異なりますが、同時廃止事件の場合1万1,000円〜1万9,000円程度、管財事件の場合には通常、さらに20万円を加えた額を予納する必要があります）（同時廃止事件・管財事件の別について、**Q19**参照）、民事法律扶助を利用する依頼者（利用者）が生活保護利用者の場合、この「予納金」についても、法テラスによる立替えの対象となります[16]（令和6年1月1日現在）。

したがって、利用者は、法テラスに対し、自己破産の申立てをして同時廃止事件として処理される場合には約17万円（実費等＋着手金＋予納

14　「着手金」とは、弁護士に支払われる報酬のうち、弁護士が事件処理に着手する段階で支払われるべきものです。

15　「報酬金」とは、弁護士に支払われる報酬のうち、事件処理終了後、その成果に応じて支払われるべきものです。

16　利用者が生活保護利用者ではない場合、法テラスが「予納金」を立て替えて支払うことはありません。そのため、どのようにしてこの「予納金」を捻出するのか、利用者および受任弁護士が頭を痛めるケースも少なくありません。

金）を、管財事件として処理される場合には約37万円を分割して償還（返済と同じ意味です）することになります。

	実費等 （基準額）	着手金 （基準額）	報酬金	予納金
債権者数 　1社〜10社 11社〜20社 21社以上	23,000円 23,000円 23,000円	132,000円 154,000円 187,000円	なし	11,000円〜19,000円程度（裁判所により異なります）に加えて、管財事件の場合には、200,000円を追加して支出

⑷　月々の償還額、償還の猶予と免除

　民事法律扶助を利用した依頼者（利用者）が法テラスに対して立替金を分割して償還する場合、月々の償還の額は利用者の意見を踏まえて法テラスが決めますが、5,000円となることが多い印象があります。

　もっとも、利用者が生活保護を利用している場合、受任弁護士が事件処理している間は償還義務を猶予する運用がされています（業務方法書31条1項1号）。そして、事件処理が終了してなお生活保護の利用を継続している場合には、償還義務の免除を申請することができます（業務方法書65条1項1号）。結果として、生活保護利用者が民事法律扶助を利用して債務整理の事件処理を弁護士に依頼する場合、利用者が弁護士費用等の経済的負担をする必要はないことがほとんどです。

Q14● 民事法律扶助③
　　●民事法律扶助による援助の申込みの方法

　弁護士に事件処理を依頼するにあたり、民事法律扶助の利用の申込みをする方法を教えてください。また、その際、どのような書類等が必要

になりますか。

A14

　民事法律扶助の利用の申込み（正確には「民事法律扶助業務による援助の申込み」といいます）は、原則として、法律相談を担当した弁護士を通じて行うことになります。担当弁護士の指示に従ってください。

　なお、生活保護利用者が民事法律扶助による援助の申込みを行う場合、次の①～④が必要となります。

①　世帯全員の住民票の写し[17]（同一世帯の世帯員全員が記載された住民票の写し）

　　単身世帯の方であっても、世帯全員の住民票の写しを提出する必要があります。世帯主、本籍、筆頭者、続柄の記載があるもので、かつ、マイナンバー、住民票コードの記載のないものを提出する必要があります。なお、条例で、生活保護利用者が住民票の写しの交付を受けるための手数料を免除している自治体もあります。

②　生活保護受給証明書

③　預貯金口座を開設している金融機関の預貯金通帳もしくはカード（いずれか一つ）

④　③の届出印

17　「住民票の原本」は役場に保管されているものを指し、住民が役場で申請して交付を受けることができるものが「住民票の写し」です。

Q15● 民事法律扶助④
●●立替金の償還を怠った場合

　民事法律扶助（制度のしくみについて、**Q12**参照）を利用して事件処理を弁護士に依頼し、法テラスが受任弁護士に対して立て替えて支払った費用（立替金）について、その後、依頼者（利用者）が法テラスへの償還（返済と同じ意味です）を怠った場合、どのようなペナルティーがあるのでしょうか。

A15

　今後、他の法律問題を抱えたときに民事法律扶助による援助の申込みをしても、過去の立替金の滞納があることを理由に援助が開始されない（民事法律扶助の利用が認められない）可能性があります。

　加えて、法テラスから立替金の支払いを求める訴訟を提起される可能性もあります（そのような例を聞いたことはありませんが、可能性はゼロではありません）。

　なお、収入の減少等を理由に償還が困難となった場合、法テラスに申請することで、償還の猶予・免除を受けることができる場合もあります。収入の減少など、償還が困難な事情があったとしても、法テラスからの請求や督促を放置することなく、まずは、法テラスの地方事務所に相談することが肝要です。[18]

18　法テラスの本部ではなく、利用者の事件を所管している地方事務所が窓口となります。

第3章

生活保護利用者の自己破産申立て

事例3-① 自己破産の申立て

　Cさん（50歳代、女性）は、単身、X市で生活保護を利用して生活をしている。X市福祉事務所では、令和5年4月に地区担当員の交代があり、井口CWがCさんの担当を引き継ぐことになった。

　井口CWがCさんのケース記録を確認したところ、次の①②の記録が残されていた。

① 　Cさんは、病気のために働くことができなくなり、平成22年9月1日付けで生活保護の開始決定を受け、以降、生活保護を利用している。

② 　平成27年9月4日、Cさんの父親が亡くなり、Cさんは、現金50万円と一筆の土地（種目：雑種地、固定資産税評価額10万円）を相続したが、当時の担当CWに申告することなく、現金をすべて使い切ってしまった。後日、相続の事実が発覚したものの、Cさんに不正受給の意図までは認められないとして、平成29年6月20日付けで次のとおり生活保護法63条返還金の返還決定がされた。これに従い、Cさんは、同年7月以降、毎月3,000円を返還している。

> 返還対象期間：平成27年9月〜平成28年3月
> 支　　給　　額：530,000円
> 返還対象額：500,000円
> 返還免除額：　　0円
> 返還決定額：500,000円

　令和5年6月6日、CさんがX市福祉事務所の窓口を訪ねてきた。相談したいことがあるらしい。応対した井口CWが詳しい事情を尋

ねたところ、次の①～④の状況であることがわかった。

① 　Ｃさんは、生活保護の利用を開始する以前、パチンコにハマっ
た時期があり、消費者金融業者のＬイクから借入れをしては、
毎日のようにパチンコをしていた。Ｌイクから借入限度額いっ
ぱいまで借入れをして、これ以上借りることができないとなっ
たとき、パチンコはスッパリとやめたが、Ｌイクに返済するだ
けの収入はなかったので、そのまま返済をしないでいた。その
後、転居をし、請求書も届かなくなったので、借入れをしたこ
と自体、忘れてしまっていた。

② 　平成28年頃、Ｃさんは、Ｌイクから貸金の返済を求める裁判
を起こされたが、裁判所に書面を出したり出廷したりはしな
かった。その後、裁判の結果がどうなったかは知らない。

③ 　令和５年６月５日、Ｎ債権回収会社の社員を名乗る男性がＣ
さん宅を当然訪ねてきた。その男性が、「Ｎ債権回収会社はＬ
イクからＣさんに対する貸金債権を譲り受けた。この貸金債権
を認める内容の確定判決もあるので、いつでもＣさんの財産を
差し押えることができるが、そんなことはしたくない、毎月２
万円ずつでもいいので返済してほしい」と言うので、Ｃさんは、
男性に２万円を渡すとともに、来月以降も返済を続けることを
約束してしまった。

④ 　Ｃさんは、今後、毎月２万円の返済を続けることになると、
とても生活ができないが、どうしたらいいかわからない。

井口CWは、ギャンブルで借金した場合でも自己破産はできたん
だっけ？　よくわからないけど、でも自己破産しかやりようがない
よな、そう考えて、Ｃさんに対し、弁護士会の債務整理無料法律相
談窓口のパンフレットを手渡し、ここに書かれた番号に電話して法
律相談の申込みをするようにと助言した。Ｃさんは、「わかりまし

た」とうなずき、井口CWの前で電話をかけ、電話を終えると、「14日の午後1時30分に予約がとれました」と言って、安心したようにホッと一息をついた。

＊

　令和5年6月15日、Cさんが生活保護受給証明書の交付申請のためX市福祉事務所の窓口を訪ねてきた。応対した井口CWが「弁護士さんにちゃんと相談できましたか？」と尋ねると、法律相談を担当した河本弁護士がCさんの自己破産申立ての事件処理を引き受けてくれることになったらしく、民事法律扶助の申込みに必要な書類を集めているところだ、とのことだった。

　これを聴いて、井口CWは、以前、別件でつながりができたあの河本さんか、今回の件でもお互いに協力できることがあるかもしれない、Cさんの同意が得られたら、河本さんに連絡してみようかな、と思った。

Q16● 免責不許可事由

　　　　Cさんはパチンコをするために借入れをして、その借入金を返済できなくなってしまったようです。

　パチンコをするための借入れで生じた債務であっても、自己破産をすれば返済義務が免除されるのでしょうか。

1　回　答

　自己破産の申立ては、通常、債務を弁済する義務を免除する裁判所の

決定（免責許可決定）を得るために行われますが、どのような場合であっても必ず免責許可決定が得られるわけではありません。破産法252条1項は、免責許可決定を認めない事情（免責不許可事由）を列挙していて、免責不許可事由のいずれにも該当しない場合に免責許可決定をすることとしています。そして、パチンコをするために借入れをして、その借入金の返済ができなくなったという事情は免責不許可事由に該当する可能性があります。

その一方で、破産法252条2項は、免責不許可事由に該当する場合であっても、「破産手続開始の決定に至った経緯その他一切の事情を考慮して免責を許可することが相当であると認めるとき」には、裁判所がその裁量によって免責許可の決定ができる旨規定しています（裁量免責）。この規定に基づき、免責不許可事由に該当する場合であっても、債務者（破産者）が破産手続に誠実に対応すれば、ほとんどの場合、裁量免責が認められているのが実情です。

したがって、Cさんには免責不許可事由に該当し得る事情がありますが、破産手続に誠実に対応することによって、免責許可決定を得ることができる可能性は高いと考えます。

2 解 説

破産法252条1項が列挙する免責不許可事由の具体例のうち、ケースワーク業務を行ううえで最低限押さえておきたいものとしては、次の①〜⑦のようなものがあげられます。

① 債権者を害する目的で行う破産財団の価値の不当な減少行為（同項1号）

破産手続を通じて破産者自身の財産が処分されてしまうことを避けるために、自己名義の預貯金口座の預貯金を家族や知人名義の預

貯金口座に移す、自己名義の自動車の名義を家族や知人の名義に変更するなど、いわゆる「財産隠し」を行った場合

② 　破産手続開始を遅延させる目的で行う不利益処分等（同項 2 号）

クレジットカードを利用して家電製品などの高額商品を購入し、購入した商品を低額で売却する、いわゆる「クレジット枠の現金化」を行った場合

③ 　非義務行為についての偏頗（へんぱ）弁済等（同項 3 号）

携帯電話機を購入し、機種代金は分割して月々の携帯電話利用料と併せて支払う契約をしていたところ、その支払いを停止することによって携帯電話機が引き揚げられる事態を避けるため、自己破産の申立てを行うのに先立ち、携帯電話機種代金の残額を一括で支払った場合[1]

④ 　浪費または射幸行為による著しい財産減少等（同項 4 号）

パチンコ、競馬、風俗などの「浪費又は賭博」によって、自らの財産を著しく減少させたり、多額の借金をしてパチンコ、競馬、風俗などの「浪費又は賭博」をしたために破産をせざるを得なくなった場合

⑤ 　虚偽の債権者名簿（債権者一覧表）の提出（同項 7 号）

破産手続において、裁判所に提出する「債権者一覧表」（破産法248条 3 項・ 5 項・20条 2 項）にはすべての債権者を記載しなければならないところ、特定の債権者について「債権者一覧表」に記載す

1　なお、非義務行為についての偏頗弁済等が免責不許可事由とされる理由は、破産者が自分の財産から特定の債権者に対して弁済をすることによって、他の債権者の利益（破産手続によって公平な分配を受ける権利）を害するためです。ですから、破産者の親族や知人など第三者がその財産の中から破産者のために弁済を行う場合、免責不許可事由には該当しません。

ることなく提出した場合²

⑥　裁判所の調査における虚偽説明等（同項8号）

　　破産手続において、裁判所が破産者の収入、財産や破産に至った経緯等について調査を行うにあたり、破産者が説明を拒んだり、虚偽の説明をした場合

⑦　過去に受けた免責（同項10号）

　　破産者が、免責許可の申立てをする前7年以内に免責許可の決定を受けてこれが確定していた場合

　破産法252条1項の免責不許可事由は、限定列挙ですから、たとえ世間一般から非難される可能性のある行為（例：不貞行為をしてしまい、その不貞行為が原因で離婚に至り、元配偶者に対して多額の慰謝料を負担せざるを得なくなった結果、支払不能になった場合）であったとしても、同項各号のいずれにも該当しない場合には、免責不許可事由とはされません。

　いずれにせよ、債務者（破産者）のどのような行為が免責不許可事由に該当するかについては専門的な判断を要します。債務者（破産者）の行為について、ひょっとしたらと不安に思う場合には、専門家である弁護士に意見を求めることをお勧めします。

Q17● 非免責債権

　　　　　消費者金融業者レイクのCさんに対する貸金債権については裁判所の確定判決がある、とのことです。また、Cさんに対しては、生活保護法63条返還金による返還決定もされています。

2　親族や知人、勤務先が債権者に含まれる場合、破産の事実を知られたくないなどの理由によって、「債権者一覧表」への記載を避けたいと考える債務者（破産者）は少なくないため、留意が必要です。

　Ｃさんは、免責許可決定を得た場合、これらを含めたすべての債務について弁済する義務を免除されることになるのですか。

A 17

1　回　答

　免責許可決定を得て、これが確定しても、債務者（破産者）はすべての債務について弁済する義務を免除されるわけではありません。このことは、債務者（破産者）に対する債権のすべてについて免責されるわけではない、とも表現できます。

　そして、破産法253条１項は、免責許可決定が確定したとしても免責されない債権（非免責債権）を列挙しています。

　消費者金融業者レイクのＣさんに対する貸金債権は、裁判所の確定判決があったとしても、非免責債権には該当しません。また、Ｘ市のＣさんに対する生活保護法63条返還金の返還金債権も、その返還対象期間は平成27年９月〜平成28年３月であり、平成30年改正生活保護法が適用される平成30年10月１日よりも前に支給された生活保護費を返還の対象とするものですから、非免責債権である「租税等の請求権」には該当しません。

　ですから、Ｃさんに対するこれらの債権については、免責許可決定によって、免責されることになります。

　なお、債務者に対する債権のすべて、もしくはほとんどが非免責債権に該当する場合には、自己破産の申立てをするメリットはありません。自己破産の申立てについて助言をするにあたっては、債務者に対する債権の内容について十分に確認しておく必要があります。

2　解　説

　破産法253条 1 項が列挙する非免責債権の具体例のうち、ケースワーク業務を行ううえで最低限押さえておきたいものとしては、次の①～⑥のようなものがあります。

　①　租税等の請求権（同項 1 号）

　　ⓐ　国税、市県民税、自動車税、軽自動車税、国民健康保険料（国民健康保険税）、固定資産税等

　　ⓑ　生活保護法78条 1 項徴収金の徴収金債権（平成26年改正生活保護法が適用される、平成26年 7 月 1 日以後に支給された生活保護費を徴収の対象とするもの）

　　ⓒ　生活保護法63条返還金の返還金債権（平成30年改正生活保護法が適用される、平成30年10月 1 日以後に支給された生活保護費を返還の対象とするもので、生活保護法77条の 2 第 1 項に基づく徴収決定がされたもの）[3]

　②　破産者が悪意で加えた不法行為に基づく損害賠償請求権（同項 2 号）

　　　不法行為に基づく損害賠償請求権であっても、必ず非免責債権に該当するわけではなく、免責の対象となり得ます。もっとも、その不法行為が破産者が「悪意で加えた」ものである場合には、非免責債権に該当し、免責されません。そして、「悪意」とは、他人を害

3　平成30年 9 月28日社援保発0928第 2 号厚生労働省社会・援護局保護課長通知（「『生活保護費の費用返還及び費用徴収決定の取扱いについて』の一部改正について」参照）。平成30年改正生活保護法は、その施行日である平成30年10月 1 日以後に支給された生活保護費に係る返還金についてのみ適用されるのであって、その適用の是非は保護の実施機関が返還決定した日を基準に決まるものではありません。

する積極的な意欲（害意）を意味します。ですから、仮に、不貞行為をして、その不貞行為が原因で離婚に至り、元配偶者から離婚慰謝料を請求されている場合であっても、配偶者をことさら苦しめてやりたいとの意図で不貞行為を行ったなどの事情がない限り（多くの場合、不貞行為は、不貞相手に恋をして、あるいは、つい出来心でするものだと思われます）、その離婚慰謝料債権は、非免責債権には該当しません。

③　破産者が故意または重大な過失により加えた生命・身体を害する不法行為に基づく損害賠償請求権（同項3号）

破産者（債務者）が不法行為によって人の生命・身体を侵害したために損害賠償責任を負う場合、侵害の対象が生命・身体以外の場合（例：自由、名誉、財産権）である場合と比較して、より被害者（債権者）を保護する必要があります。そのため、破産者に他人を害する積極的な意欲（害意）まではなくても、故意または重大な過失が認められる場合には、その損害賠償請求権は非免責債権とされ、免責許可決定によっても、免責されません。たとえば、破産者が単に前方不注視などの過失によって交通事故を起こし、被害者にケガをさせてしまった場合、破産者に対する損害賠償請求権は非免責債権に該当しませんが、飲酒運転や危険運転など重大な過失によって交通事故を起こして、被害者にケガをさせてしまった場合、破産者に対する損害賠償請求権は非免責債権に該当し、免責許可決

4　竹下守夫編『大コンメンタール破産法』（青林書院、2007年）1087頁。

5　「重大な過失」について、最高裁判所は、「通常人に要求される程度の相当な注意をしないでも、わずかの注意さえすれば、たやすく違法有害な結果を予見することができた場合であるのに、漫然これを見すごしたような、ほとんど故意に近い著しい注意欠如の状態を指す」と判示しています（最判昭和32・7・9民集11巻7号1203頁）。

定によっても免責されないことになります。

④　婚姻費用や養育費に関する請求権（同項4号）[6]

⑤　破産者が知りながら債権者名簿（債権者一覧表）に記載しなかった請求権（同項6号）

　　自己破産の申立てをするにあたり、破産者（債務者・申立人）は裁判所に対して「債権者一覧表」を提出する必要がありますが（破産法20条2項・248条3項・5項）、このとき、破産者がその債権の存在を知っていたにもかかわらず、「債権者一覧表」に記載しなかった債権も非免責債権となります。故意に記載しなかった場合だけでなく、うっかり記載を忘れてしまった場合であっても、非免責債権

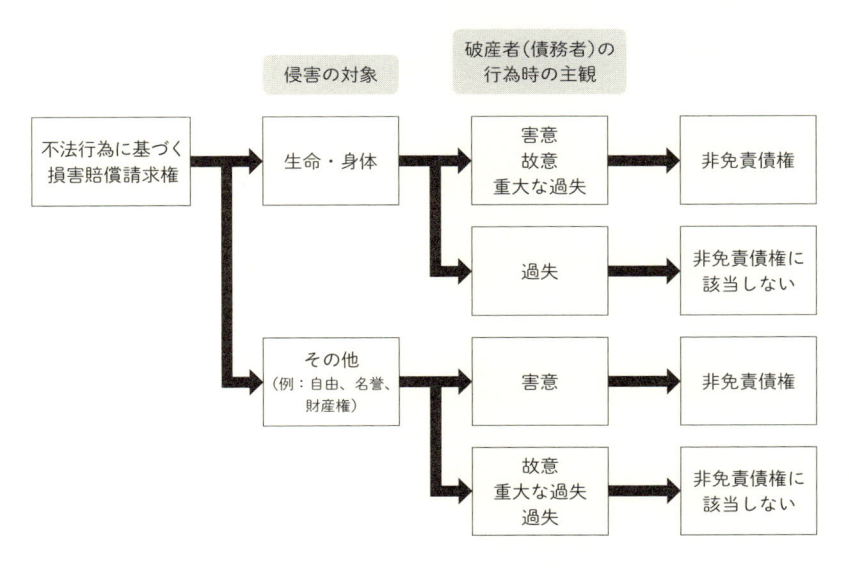

6　「婚姻費用」とは、夫婦と未成熟子によって構成される婚姻家族がその資産、収入、社会的地位等に応じた通常の社会生活を維持するのに必要な費用の一切をいい、別居中の夫婦間であっても、離婚が成立するまでの間、相手方配偶者に対してその分担を求めることができます。

となりますので、留意が必要です。[7]

⑥　刑事罰として科された罰金等の請求権（同項7号）

Q18● ケースワーカーとして留意すべき事項①
法律相談の申込み時

Cさんに対し、自己破産の申立てをすることを前提に、法律相談の申込みをするよう助言するにあたり、Cさんの担当ケースワーカーとして、留意すべき事項がありますか。

A18

1　回　答

(1)　具体的な助言を行うこと

Cさんがせっかく自身の債務の問題を解決するために法律相談の申込みをする決心をしたのですから、どこに電話していいかわからない、電話して何をどのように話せばよいのだろう、いろいろと考えているうちに気持ちが冷めてしまった（あるいは、疲れてしまった、面倒くさくなってしまった）、そのようなことが起きないよう（割と起こりがちです）、担当ケースワーカーとしては、法律相談の申込みをするにあたり、たとえば、最寄りの青森県弁護士会の借金整理無料相談窓口に電話すること、その際には「借金整理無料相談希望」と伝えることなど、具体的に助言する必要があります（助言の内容については、**Q7**参照）。また、今後の

7　竹下編・前掲（注4）1087頁以下。

Cさんに対する支援を考えたとき、助言をして終わりではなく、後日、助言に従ってきちんと申込みをすることができたのか、いつ法律相談を受けることになったのかについても、確認をしておくべきでしょう。

(2) 返還金の取立ての中止

X市のCさんに対する生活保護法63条返還金の返還金債権は非免責債権（**Q17**参照）ではありません。

そして、債権者であるX市は、担当ケースワーカーである井口CWを通じて、Cさんが債務の弁済ができず自己破産の申立てをせざるを得ない状態にあることを知っているはずです。

そのうえで、Cさんが法律相談の申込みをするなど、自己破産の申立てに向けた具体的な行動を起こした、この段階に至っては、CさんがX市に生活保護法63条返還金の返還をすることは、破産法上、「偏頗弁済」として禁止されます。

そのため、井口CWは、助言に従いCさんが法律相談の申込みをしたときには、Cさんの担当ケースワーカーとして、Cさんに対する生活保護法63条返還金の取立てが中止されるよう対応する必要があります。

2 解 説

(1) 偏頗弁済

債務者が「支払不能」（債務を一般的かつ継続的に弁済できない状態）になった後、一部の債権者のみに弁済をすること（これを「偏頗弁済」といいます）は、債権者は平等に扱われるべきとする破産手続の原則に反します。そして、弁済を受けた当時、弁済を受けた債権者において、債務者が「支払不能であったこと」を知っていた場合には、破産手続開始後、偏頗弁済にあたる行為の効力が取り消されること（これを「否認」といいます）があります（破産法162条１項１号イ）。

89

65

　なお、「租税等の請求権」(破産法97条4号)については、債務者が「支払不能」となった後に弁済をしても、偏頗弁済として「否認」されることはありません(同法163条3項)。

(2)　生活保護法63条返還金の返還が偏頗弁済として否認の対象となり得る場合の対応

　平成30年の生活保護法改正により、生活保護法63条返還金については、「保護に要する費用を支弁した都道府県又は市町村の長」が生活保護法77条の2第1項に基づき徴収する旨決定した場合、破産手続上の「租税等の請求権」に該当することとされましたが(平成30年改正生活保護法77条の2第2項)、平成30年改正生活保護法の適用を受けない、つまり、その施行日である平成30年10月1日より前に支給された生活保護費を返還の対象とする生活保護法63条返還金については、「租税等の請求権」には該当しません。

　ですから、担当ケースワーカーは、生活保護法63条返還金による返還決定をした生活保護利用者が「支払不能」の状態にあり、かつ、自己破産の申立てに向けて具体的な行動を起こしたことを把握したときには、まず、その返還決定がいつ支給された生活保護費を対象とするものなのかを確認する必要があります。そのうえで、それが平成30年10月1日よ

8　裁判所が選任した破産管財人によって偏頗弁済が否認されると、債権者は、破産管財人に対し、偏頗弁済を受けた額(債務者が「支払不能」にあることを知って以降に受け取った額)を返還しなければならなくなります。

9　偏頗弁済は「否認」の対象となるだけではなく、それが「時期が債務者の義務に属しないもの」である場合などには、免責不許可事由にも該当します(破産法252条1項3号)。もっとも、生活保護法63条返還金については、通常、その返還決定がされると同時に納付期限が到来します。ですから、Cさんによる生活保護法63条返還金の返還が偏頗弁済にあたるとして否認されることはあっても、免責不許可事由にあたることはないと思われます。

り前に支給された生活保護費を対象とする場合、生活保護法63条返還金の返還は偏頗弁済として否認の対象となり得ますので、速やかにその取立てを中止する必要があります。また、同日以後に支給された生活保護費が対象であったとしても、過誤払いをした生活保護費の返還を求めている場合（生活保護法施行規則22条の3）など、生活保護法77条の2第1項に基づく徴収決定がされていない場合には、同様に取立てを中止すべきです。

(3)　生活保護法78条の2第1項による費用徴収を行っている場合の対応

生活保護法63条返還金（非強制徴収公債権）の取立ての場合とは異なり、生活保護法78条の2第1項による費用徴収[10]を行っている場合、すなわち、債務者（破産者、生活保護利用者）の申出に基づいて、生活保護費の支給をする際に生活保護法77条の2第1項もしくは78条1項の規定による徴収金を控除して徴収する（毎月、あらかじめ債務者が申し出ていた額を生活保護費から差し引いた残額を支給する）場合には、破産手続開始決定がされるまでの間は、その徴収を継続して問題ないと考えます（破産手続開始決定後の取扱いについては、**Q25**参照）。

まず、生活保護法77条の2第1項徴収金および生活保護法78条1項徴収金は、いずれも「租税等の請求権」に該当するため（平成30年改正生活保護法77条の2第2項・78条4項）、偏頗弁済として「否認」されることはありません（破産法163条3項）。また、偏頗弁済として「否認」の対象となるのは債務者の行為に限られるところ、生活保護法78条の2第1項

10　平成30年改正生活保護法の適用を受けない、平成30年10月1日より前に支給された生活保護費を返還の対象とする生活保護法63条返還金については、生活保護法78条の2第1項による費用徴収の取扱いの対象外であり、都度、生活保護利用者が金融機関への口座振込みを行うなどして返還する必要があります。

による費用徴収は、債務者の同意を得てした自治体による「相殺」（民法505条以下）[11]（自治体による単独行為）であって、債務者の行為ではないので、この点からも、偏頗弁済として「否認」の対象とはなり得ません。[12]

　次に、生活保護法78条の2第1項による費用徴収が、生活保護法77条の2第1項徴収金もしくは生活保護法78条1項徴収金を自働債権とし、「支払の停止」[13]のあった後に発生した生活保護費の支給を請求する権利を受働債権とする、自治体による「相殺」である場合であっても、破産法上の「相殺の禁止」[14]規定には違反しません。自治体は生活保護法の規定（「法定の原因」）に基づき債務者に対して生活保護費を支給する負担を負うのであって、「相殺の禁止」規定の例外にあたるからです（破産法71条2項1号）。

Q19● 自己破産申立ての手続

　　　　　　　　Cさんが法律相談をした後、自己破産の申立てをして、Cさんの債務の問題が解決するまでの間、手続はどのようにして進むのでしょうか。

11　当事者同士が同種の債権をもっている場合に、互いに弁済する代わりに、双方の債権を対当額だけ差し引いて消滅させる行為で、当事者一方の意思表示により行うことができます。

12　東京地判平成30・11・12判タ1471号176頁。

13　債務者が弁済能力の欠乏のため債務の支払いをすることができないと考えてその旨を明示的または黙示的に外部に表示する行為のことをいいます（最判昭和60・2・14裁判集民144号109頁）。通常、「支払不能」の状態が生じ、それが一定期間継続することで、債務者が「支払停止」行為を行うという経過をたどります。

14　債権者が相殺権を行使し、他の債権者に先駆けて債務者の保有する債権から優先的に弁済を受けることは、債権者平等の原則に反するため、破産法71条および72条は、破産債権者による相殺権の行使を包括的に制限しています。

A19

1 回 答

　裁判所に自己破産申立てをすると、裁判所が提出書類を審査するなどして、破産手続開始決定をします。

　破産手続が同時廃止事件として処理される場合、破産手続自体は開始と同時に終了しますが、引き続き、破産者の免責を許可してよいかどうかを判断するための手続に入ります。

　他方、管財事件として処理される場合には、裁判所が破産手続開始と同時に破産管財人を選任し、この破産管財人が、破産者の財産の調査・管理・処分とともに、免責不許可事由の有無等についての調査に着手します。配当（破産者の財産を換価して得られた金銭を、債権者にその債権の額に応じて分配すること）を終えるか、もしくは配当するだけの財産を破産者が保有していないことが明らかとなると、破産手続は終了します。その後、引き続いて裁判所が破産者の免責の可否について判断をします。

2 解 説

(1) 破産手続の開始決定まで

　Ｃさんが井口CWの助言に基づき債務整理について法律相談の申込みをした時点で、Ｘ市は、生活保護法63条返還金の取立てを中止する必要があります（①）（**Q18**参照）。

　法律相談の申込み（①）から受任弁護士による事件処理の着手（⑥）までの流れについては、**Q 9**を参照してください。

　受任弁護士は、債権者に「受任通知」を送付し、債務者から債務整理事件の事件処理について受任したことを伝え、「債権調査票」の提出を

求めるとともに、債務者に対して直接連絡をしたり請求書を送ったりすることのないよう求めます（債権者が金融機関や消費者金融業者である場合、この求めに応じ、以降、債務者に直接連絡をとることはなくなります）（⑥）。そして、債権調査、依頼者（債務者）からの聴取り、依頼者の収入や財産に関する疎明資料[15]の収集、家計収支表の作成など、破産手続の申立てに向けた準備に取りかかることになります。順調に準備が進んだ場合、事件着手から３か月程度で裁判所に自己破産の申立てができるものと思われます（⑦）。もっとも、依頼者の健康上の理由（メンタルの不調を含みます）や仕事の都合等で依頼者と打合せがなかなかできなかったり、依頼者の手元に依頼者名義の預貯金通帳（直近１年〜２年分の出入金の記録が記帳されたもの）がない場合など疎明資料の収集に時間を要することもあり、申立てまでに１年以上の期間を要することもままあります[16]。

　自己破産の申立てをした後、早ければ１週間程度で裁判所が破産手続の開始決定をしますが（⑧）、補正や追加の疎明資料の提出、管財人の選定等に時間を要し、破産手続開始決定が出るまでに２か月〜３か月かかることもあります。この破産手続の開始決定の際、裁判所は、一定の基準に従って、同時廃止事件として処理するのか、管財事件として処理

15　給与明細、依頼者（債務者）の所有不動産に関する登記情報や固定資産評価証明書、依頼者の所有する自動車の自動車検査証、依頼者の住居の賃貸借契約書、依頼者が加入している保険の保険証券、依頼者名義の預貯金通帳（直近１年〜２年分の出入金の記録が記帳されているもの）もしくは取引履歴など、提出を求められる疎明資料は裁判所によって異なります。

16　たとえば、依頼者（債務者）がゆうちょ銀行に貯金口座を開設しているにもかかわらず、貯金通帳、カード、届出印すべて紛失してしまっており、口座番号もわからないというような場合、①貯金口座の有無の照会、②口座番号の照会、③取引履歴の取寄せと順を追って手続を進めざるを得ない結果、これだけで２か月〜３か月の期間を要することがあります。

するのかを決定します。

(2) 同時廃止事件

自己破産の申立てをした債務者（破産者）に関し、破産管財人を選任してその調査の結果を待つまでもなく、一定額以上の財産がないこと[17]が明らかである場合、裁判所は、破産手続を同時廃止事件として処理する必要があります（破産法216条1項）。具体的には、破産手続の開始決定をすると同時に、破産手続を「廃止」（「終了」と同じ意味です）します。破産者の財産の調査等が予定されていないことから、管財事件として処理される場合に比べて、免責までの手続が簡易かつ迅速であり、また、手続費用が少額で済むというメリットがあります。

なお、破産者が生活保護利用者の場合、保有が認められた居住用不動産があるなど特段の事情がない限り、同時廃止事件と管財事件の振り分けの基準となる「一定額以上の財産」を所持していることはないと思われますが、財産を隠していると疑われるような不審な点があったり（例：借入金をギャンブルで浪費したと説明しているものの、実際に借入金がギャンブルに使われた疎明資料がない）[18]、偏頗弁済（**Q18**参照）をしており、破産管財人を選任してその弁済額を回収する必要がある場合など、破産手続を廃止するためには破産管財人による破産者の財産等の調査が必要（管財事件として処理する）と判断される可能性もあります。

同時廃止事件として処理される場合、破産手続自体は開始と同時に終

17　同時廃止事件と管財事件の振り分けの基準となる「一定額以上の財産」は、裁判所により異なります。たとえば、青森地方裁判所は、①現金・預貯金を除いて財産目録の1項目の合計（例：保険解約返戻金の合計）で20万円以上の財産がある場合、②現金・預貯金を除く財産の合計が40万円以上の場合、③現金・預貯金の合計が33万円を超える場合のいずれかの場合に、原則、管財事件としています。

18　ギャンブルによる浪費が認められる場合など、財産の調査よりも免責不許可事由の有無の調査が主となる管財事件を「免責調査型」と呼ぶことがあります。

了しますが、引き続き免責に関する決定のための手続が進められること
になります。具体的には、裁判所は、期限（破産手続開始決定の日から 2
か月程度）を定めて、債権者に対し、免責に関する意見を申述する機会
を与えます。また、各裁判所によって運用は異なりますが、その期限の
最終日に免責審尋期日が開かれる場合[19]、破産者は裁判所に出頭し、破
産に至った経緯や現在、今後の生活等について裁判官から説明を求めら
れます（⑨）。そして、裁判所は、債権者による意見や免責審尋期日の
結果を踏まえ、免責許可、不許可の決定をします（⑩）。この決定は、
免責審尋を終えたその場で言い渡されることが多いと思われます。

　その後、裁判所は、免責許可決定について官報に掲載し、官報に掲[20]
載された日の翌日から数えて 2 週間以内であれば、債権者は免責許可決
定に対して異議申立て（これを「即時抗告」といいます）ができますが
（破産法252条 5 項・ 9 条・10条 2 項）、この期間が経過すると、免責許可
決定が確定し、争うことができなくなります（⑪）。通常、免責許可決
定の日から免責許可決定の確定の日までは 1 か月程度かかります。

　免責許可決定が確定すると、自己破産申立ての事件処理が終了します。

(3)　管財事件

　破産手続が開始するにあたり、裁判所は、原則として、破産管財人を
選任するとともに、破産手続開始の日のおおむね 3 か月後の日に債権者
集会の期日を設定します。選任された破産管財人は、破産者の財産の調
査・管理・処分（破産法153条以下）に着手し、その結果について、債権

19　免責審尋期日について、破産法上の規定はなく、期日を開くか否かも含めて裁
　　判所の判断に委ねられています。

20　裁判所は、免責許可決定をしたときは、その決定の主文を記載した書面を債権
　　者に送達しなければならないとされていますが（破産法252条 3 項）、この送達を
　　する代わりに官報に掲載することでも足りるとされており（同法10条 3 項・ 1 項）、
　　実務上、送達に代えて官報掲載が選択されることがほとんどだと思われます。

者集会で報告を行います。また、あわせて免責不許可事由の有無等について調査をします（同法250条1項）。

破産者は、破産管財人による調査に協力する義務を負いますので（破産法40条1項1号・250条2項）、その求めに応じて、破産管財人と面談をしたり、現地調査（破産者が自宅兼事務所として事業を行っている場合や不動産を所有している場合などに実施されることがあります）に立ち会う必要があります。

債権者集会の期日には、破産管財人、破産者およびその代理人（受任弁護士）が出頭し、破産管財人が破産者の財産の調査・管理・処分の状

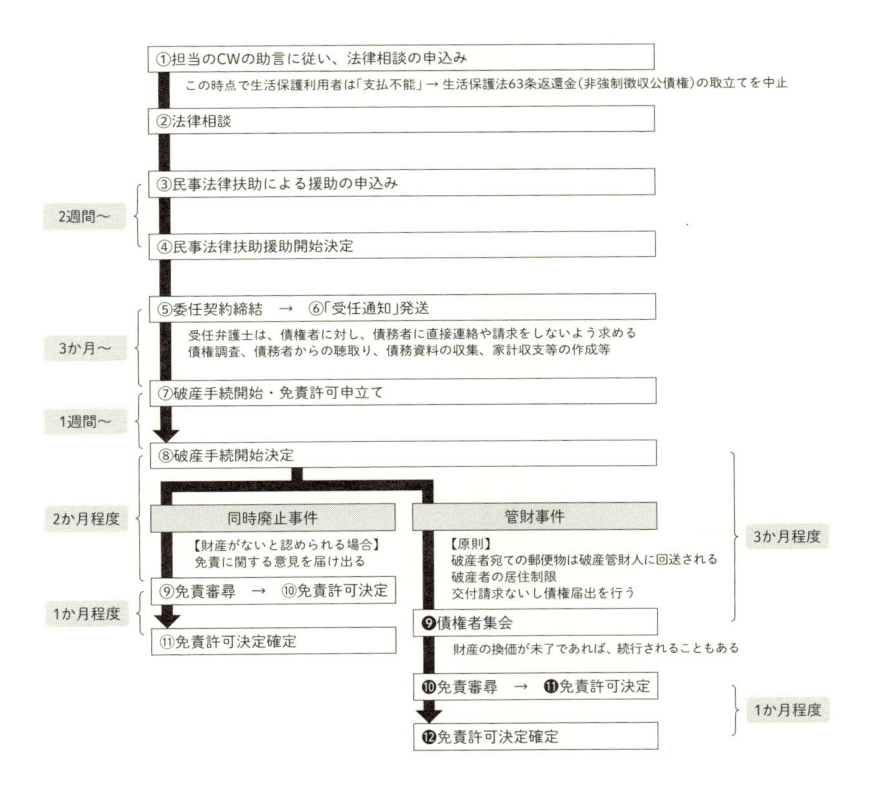

況を報告します（❾）。破産管財人による業務が終了していない場合、次回債権者集会の期日が設定されます（破産管財人による業務に時間を要する場合、債権者集会は複数回開催されます）。破産管財人による業務が終了した場合、裁判所は破産手続を「廃止」（「終了」と同じ意味です）します（破産法217条 1 項）[21]。通常、債権者集会から引き続いて免責審尋期日が開かれ（❿）、裁判官が免責の可否の判断を下します（⓫）。

　免責許可決定がされれば、その後の確定までの流れは同時廃止事件の場合と同様です（⓬）。

Q 20 ● 受任弁護士（申立代理人）との情報共有　 ●●〜自己破産申立ての準備

　Ｃさんの破産手続が破産法上も生活保護法上も適正に事件処理されることは、Ｃさんの生活の向上や自立の助長に資するものであり、Ｃさんの担当ケースワーカーとＣさんの受任弁護士とで目的を一つにしているとも思えます。

　そのことを踏まえ、Ｃさんが自己破産申立ての準備を行うにあたり、担当ケースワーカーとして、受任弁護士である河本弁護士との間でどのような情報共有が考えられますか。

21　同時廃止に対して、「異時廃止」と呼ばれます。

1 回 答

　河本弁護士が自己破産申立ての準備を進める中で把握したＣさんの収入および財産の中には、井口CWがまだ把握できていないものが含まれている可能性があります。他方、河本弁護士は、Ｃさんに対する債権を正確に把握する必要がありますが、Ｃさんのケースワークを担当する井口CWからの情報提供がなければ、その把握が困難なことも少なくありません。そのため、Ｃさんの収入および財産、Ｃさんに対する債権について、井口CWと河本弁護士との間で情報共有が必要と考えます。

　また、適正にＣさんの支援を行うためには、申立ての準備の進捗状況についても、情報共有しておくべきです。

2 解 説

(1) 債務者（申立人、生活保護利用者）の収入および財産、債務者に対する債権の把握

　自己破産の申立てをするにあたり、債務者（申立人）は、裁判所に対し、自らの収入、財産についてすべて報告する必要がありますし、債務者に対する債権（債務者の負担する債務）について、漏れなく債権者一覧表に記載して提出する必要があります。

　債務者が生活保護利用者である場合、時には、自己破産の申立ての準備をする中で、担当ケースワーカーが把握していなかった債務者の収入、財産が見つかることもあり得ます。その場合、担当ケースワーカーにおいて、生活保護法63条等に基づく対応が求められることになるかもしれませんし、その結果は自己破産の申立書類に漏れなく反映されなければ

なりません。

　他方、生活保護法77条の２第１項もしくは生活保護法78条１項徴収金について、生活保護法78条の２第１項による徴収方法を行っている場合、つまり、生活保護費の支給をする際に徴収金を控除して徴収している（毎月、あらかじめ本人が申し出ていた額を生活保護費から差し引いた残額を支給している）場合などは特に、債務者（生活保護利用者）はこれらの債権の存在を忘れてしまい（結果、受任弁護士への報告を怠り）がちです。

　債務者の収入および財産、債務者に対する債権について漏れなく把握するためには、担当ケースワーカーと受任弁護士との間で、互いの保有する債務者に関する情報と専門知識を広く共有する必要があると考えます。

(2)　進捗状況の把握

　生活保護利用者が自己破産の申立てをする場合、担当ケースワーカーには、申立て前、破産手続開始決定後、事件終了後とそれぞれの段階で留意すべき事項があります。適正に生活保護利用者の支援を行うためにも、いつの間にか自己破産の申立てがされ、いつの間にか手続がすべて終わっていた、そのようなことがないよう、受任弁護士と密に連絡をとり、自己破産手続の進捗状況を正確に把握しておく必要があります。

事例 3 -② 破産手続開始決定

井口CWは、Cさんの同意を得て、河本弁護士に連絡をとり、C
さんが自己破産の申立てをするにあたって、河本弁護士と情報を共
有しつつ、Cさんへの支援を行うことになった。

その後、令和5年10月12日になって、井口CWは、河本弁護士か
ら電話を受けた。自己破産の申立ての準備が済み、申立書類を裁判
所に郵送した結果、同月10日午後1時30分に破産手続の開始決定が
された、とのことだった。

Q21● ケースワーカーとして留意すべき事項②
破産手続開始決定後

Cさんについて、令和5年10月10日付けで破産手続開始決定がされた
との報告を受けました。Cさんの破産手続開始決定を受け、Cさんの担
当ケースワーカーとして、留意すべき事項がありますか。

A 21

1 回 答

破産手続による今後のケースワーク業務への影響を踏まえると、Cさ
んの担当ケースワーカーとしては、破産手続開始決定後、速やかに破産
手続開始決定の日時、同時廃止事件及び管財事件の別を把握する必要が

ありますが、これらの情報は「破産手続開始決定」に記載されています。

　そして、破産手続開始決定がされた場合、裁判所は、Ｃさん（破産者）から提出された債権者一覧表に記載のある債権者に対し、「破産手続開始決定」「破産手続開始通知書」を発送しますので（破産法32条３項１号）、債権者であるＸ市にもこれらの書面が届いているはずです。にもかかわらず、これらの書面が井口CWの手元に届かない場合、①債権者一覧表にＸ市が債権者として記載されていないため、書面がＸ市役所庁舎宛てに発送されていない、②書面はＸ市役所庁舎に届いているが、担当ケースワーカーである井口CWの下に回付されていない、いずれかの可能性があります。原因を調査したうえで、①債権者一覧表にＸ市の記載がない場合には、その旨をＣさんに伝え、Ｘ市を債権者として裁判所に届け出るよう助言すべきでしょう。

2　解　説

⑴　破産開始決定後に把握すべき情報

　まず、免責許可決定によって免責される債権は、「破産手続開始前の原因に基づいて」生じた債権（破産債権）に限られます（破産法253条１項・２条５項）。ですから、破産手続開始決定がされた日時（決定がされた時刻も含みます）がいつかは、今後のケースワーク業務においても大きな意味をもち得ます（**Q25**参照）。破産手続の開始決定がされた日時は必ず確認すべきです。

　また、破産手続が管財事件として処理される場合、破産者宛ての郵便物が破産管財人に回送されるなど、ケースワーク業務にも大きな影響が生じます（**Q22**参照）。ですから、同時廃止事件および管財事件の別についても確認する必要があります。

　これらの情報は「破産手続開始決定」に記載されています。

(2)　破産手続開始決定の入手

　破産手続が開始されると、裁判所は申立代理人宛てに「破産手続開始決定」等を交付します（破産法32条３項１号）。自治体が債権者に含まれない場合、申立代理人から「破産手続開始決定」の写しを入手するのが簡便です。

(3)　庁内での連携

　裁判所が自治体に「破産手続開始決定」等を発送する場合、封筒の宛名に担当課まで記載されているとは限りません（記載されていないことが多いと思われます）。したがって、自治体庁舎に「破産手続開始決定」等が届いても、税務課等に振り分けられてしまい、担当ケースワーカーにまで回付されない、ということも十分に考えられます。

　担当ケースワーカーとしては、生活保護法63条返還金による返還決定をした生活保護利用者が自己破産の申立てをした事実を把握したときには、直ちに、裁判所から自治体宛てに送られてくる「破産手続開始決定」等が確実に手元に届くよう、庁内での連携を図る必要があります。

Q22● ケースワーカーとして留意すべき事項③ 　　●管財事件の場合

　Ｃさんの破産手続は管財事件として処理されることになりました。そのことを踏まえ、Ｃさんの担当ケースワーカーとして、留意すべき事項がありますか。

A22

1　回　答

　破産手続が管財事件として処理される場合、破産者であるＣさん宛ての郵便物がすべて破産管財人に回送されます。また、Ｃさんは居住制限を受けることになりますので、それらを踏まえ、Ｃさんに適切な指導指示、助言を行うようにしてください。

　また、Ｃさんに対する生活保護法63条返還金の返還金債権（非強制徴収公債権）を有する債権者として、忘れずに破産債権届出を行う必要があります。

2　解　説

(1)　郵便物の破産管財人への回送

　管財事件として処理される場合、管財人による破産者の財産の調査・管理・処分が終わるまでの間、破産者宛ての郵便物はすべて破産管財人に回送され、破産管財人が開封して内容を確認することになります（破産法81条・82条）。福祉事務所からの郵便物もすべて破産管財人に回送されますので、その間、破産者である生活保護利用者に連絡を行う際には、郵送を避けるなど工夫をする必要があります。

(2)　破産者の居住制限

　破産手続が開始されると、破産手続が「廃止」（「終了」と同じ意味です）されるまでの間、破産者は、裁判所の許可を得なければ、破産手続開始決定時の「居住地を離れる」ことができません（破産法37条１項）。なお、「居住地を離れる」とは、住所を変更する場合のほか、散歩や買い物等のために一時的に外出する場合を除いて、宿泊を要する出張や旅

行、宿泊を要しないとしても遠隔地への出張や旅行などをいうとされています。[22]

にもかかわらず、入院、実家への帰省の際などに、裁判所の許可を得ることを失念する破産者が散見されます。担当ケースワーカーとしても、破産者はその居住が制限されることを念頭に置いて、破産者である生活保護利用者に適切な指導指示、助言を行うことが期待されます。

(3) 破産債権届出

自治体が破産者に対する債権（非強制徴収公債権）を有している場合、破産者が裁判所に提出する債権者一覧表に自治体の有する債権について記載することを忘れていない限り、裁判所から「破産手続開始決定」とともに「破産債権届出書」が送られてきます。債権者である自治体は、「破産債権届出書」に所定の事項を記載したうえで、届出期間内に裁判所に対して提出する必要があります（破産法111条 1 項、地方自治法施行令171条の 4 第 1 項）。[23・24]

仮に破産管財人の業務を通じて配当の原資となる破産者名義の財産が見つかったとしても、この破産債権届出をしていなければ、配当を受けることができません（破産法111条 1 項・193条 1 項参照）。[25]

22　竹下編・前掲（注 4 ）148頁。

23　自治体の場合、一般私人とは異なり、「破産債権届出書」の提出は、任意ではなく、「そのための措置をとらなければならない」ものです。

24　自治体が破産者に対して「租税等の請求権」を有する場合、財団債権については破産管財人に対して交付要求を行い（破産規則50条 1 項）、破産債権については裁判所に対して交付要求を行います（破産法114条 1 号、国税徴収法82条 1 項）。

25　破産債権者が配当受領権を主張するためには、債権届出をして破産手続に参加する必要があります。

Q23 ● 債権者集会

　　　河本弁護士からＣさんに関する「破産手続開始決定」の写し
を入手して内容を確認したところ、「財産状況報告集会・計算報告集会・
破産手続廃止に関する意見聴取のための集会」（「債権者集会」のことで
す）の期日が「令和 6 年 1 月12日午後 1 時10分」であると記載されてい
ました。

　Ｘ市がＣさんに対する生活保護法63条返還金の返還金債権を有する以
上、債権者集会に出席しなければならないのでしょうか。

A23

　自治体が破産者の債権者である場合、債権者集会に出席することがで
きますが、出席しないことによって不利益な取扱いを受けることはあり
ません。ですから、必ずしも債権者集会に出席する必要はありません。

　債権者集会では、破産管財人より、破産者が破産に至った事情、破産
者の財産の管理・換価業務の処理状況、今後の業務の見通し、配当の見
込み等が報告されます。債権者集会に出席をする場合、事前に裁判所に
電話をして、担当書記官に債権者集会に出席する職員の氏名等を伝えて
おくと、当日の手続が円滑に進みます。

　なお、破産管財人が選任されたということは、破産手続開始決定時に
おいて、破産者に一定額以上の財産がないことが明らかではなかった
（一定額以上の財産がすでに存在するか、その後の破産管財人の調査によって
見つかる可能性があった）ことを意味します（**Q19**参照）。債権者集会に
出席しない場合（もしくは、債権者ではないために債権者集会に出席する資
格がない場合）であったとしても、破産者（生活保護利用者）の担当ケー

スワーカーとしては、破産管財人が報告した内容について把握しておく
必要があります。破産管財人の報告した内容は、債権者集会で配布され
る「業務要点報告書」「財産目録」「収支報告書」にまとめられています
ので、債権者集会終了後、これら書面の写しを速やかに破産者（もしく
は申立代理人）から入手すべきです。

Q24● ケースワーカーとして留意すべき事項④ 同時廃止事件の場合

　仮にCさんの破産手続が同時廃止事件として処理されることになった
場合、そのことを踏まえ、Cさんの担当ケースワーカーとして、留意す
べき事項がありますか。

A24

　破産事件が同時廃止事件として処理される場合、破産手続開始決定の
日に破産手続は「廃止」（「終了」と同じ意味です）しますので、ケース
ワーク業務に大きな影響が生じることはありません。

　なお、自治体が破産者に対する債権を有している場合、破産者が裁判
所に提出する債権者一覧表に自治体の有する債権について記載すること
を忘れていない限り、裁判所から「破産手続開始決定」が届きます。こ
の書面には、破産手続が開始したこと、破産手続が廃止したことに加え
て、免責についての意見申述期間が「令和 5 年12月15日まで」というよ
うに記載されています。

　債権者は、免責不許可事由に該当すべき事実があることなど、破産者
を免責すべきでないと考える意見がある場合、意見申述期間中、裁判所

に意見を述べることができます。

　この意見は原則として口頭ではなく書面で行う必要があります（破産規則76条1項）。なお、特に意見がないということであれば、何も提出する必要はありません。

Q25● 租税等の請求権の徴収

　X市のCさんに対する生活保護法63条返還金の返還金債権（非強制徴収公債権）については、Cさんが法律相談の申込みをした時点で取立てを中止しています（**Q18**参照）。

　ところで、仮にX市がCさんに対して「租税等の請求権」（生活保護法77条の2第1項徴収金もしくは生活保護法78条1項徴収金）を有しており、生活保護法78条の2第1項の徴収方法を行っている場合、すなわち、Cさんの申出に基づいて、生活保護費の支給をする際に徴収金を控除して徴収している（毎月、あらかじめCさんが申し出ていた額を生活保護費から差し引いた残額を支給している）場合、破産法上の問題は生じないため、Cさんが法律相談の申込みをした時点以降も徴収を続けることになると思いますが、破産手続開始決定後もそのまま徴収を続けて問題はないのでしょうか。

A25

1　回　答

　破産手続が同時廃止事件として処理される場合、「租税等の請求権」については、そのまま徴収を続けても破産法上の問題は生じません。

　他方、破産手続が管財事件として処理される場合、破産手続開始決定時である令和5年10月10日午後1時30分の時点で、納付期限後1年未満のものについては、破産手続開始決定後にそのまま徴収を続けても破産法上問題はありませんが、それ以外のものについては、徴収を中止する必要があります。

2　解　説

(1)　同時廃止事件として処理される場合

　破産手続が同時廃止事件として処理される場合、破産手続開始決定と同時に破産手続は廃止（「終了」と同じ意味です）しますので、「租税等の請求権」の徴収について、破産法上の制約はありません。

(2)　管財事件として処理される場合～破産債権と財団債権

　破産者に対する債権で、破産手続開始前の原因に基づいて生じた財産上の請求権は、原則、「破産債権」（破産法2条5項）とされ、破産者の財産を債権者に公平に配分する破産手続の目的に従い、破産手続中は、配当という手続を経ることによってしか、弁済を受けることができなくなります。

　ですが、破産者に対する債権の中には、配当に先立って優先して弁済を受けることができる「財団債権」（破産法2条7項）があります。財団債権は、破産手続開始後であっても、いつでも破産者から弁済を受けることが認められています。そして、「租税等の請求権」のうち、破産手続開始当時、納期限が到来していないものまたは納期限から1年を経過していないものは、「財団債権」にあたります（同法148条1項3号）。

　なお、破産法上の債権の分類（破産債権か財団債権か）と、非免責債権に該当するか否かの問題は、しっかり区別して理解する必要があります。

　以上のとおり、破産手続が管財事件として処理される場合、「租税等の請求権」のうち、破産債権に該当するものについては破産手続が開始された時点で徴収を中止する必要がありますが、財団債権に該当するものは破産手続開始決定後にそのまま徴収を続けても破産法上の問題は生じません。

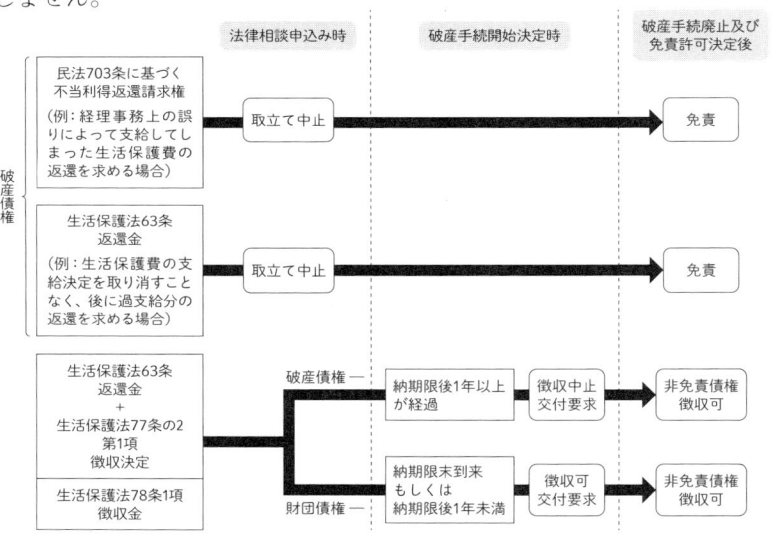

(3)　生活保護法78条の２第１項の徴収方法における申出の取消し

　生活保護法78条の２第１項の徴収方法を適用する場合、債務者（生活保護利用者）による申出書の提出は任意の意思に基づくものであり、提出を強制するものではないことに十分留意する必要があります。そして、申出後に当該債務者から申出の取消しについて意思表示がされた場合は、その旨を記載した書面等の提出を求めたうえで、申出の取消しを認めることとされています。[26]

　Ｃさんに対する「租税等の請求権」について、破産手続開始当時、納付期限から１年を経過していないため、破産手続開始決定後も引き続き

徴収を行う場合であっても、Ｃさんから申出を取り消す内容の書面が提出されたときには、速やかに徴収を中止すべきです。

26　平成30年9月28日社援保発0928第2号厚生労働省社会・援護局保護課長通知（「『生活保護費の費用返還及び費用徴収決定の取扱いについて』の一部改正について」参照）。

事例 3 - ③ 破産手続の終了

　Ｃさんの破産手続は、管財事件として処理され、令和 6 年 1 月12日、債権者集会が開かれて終了し、その後の免責審尋を経て、Ｃさんは免責許可決定を得た。

＊

　令和 6 年 6 月27日、井口CWは、Ｃさんから電話を受けた。Ｃさん名義の土地を20万円で買いたいという申入れがあった、とのことだった。それを聞いた井口CWは、あの相続した土地が？　固定資産税評価額10万円だったはずだけど20万円で買う？　破産した後に土地を売ってお金が入ってくる？　そんなことあります？　本当にお金が入ってきたら、それはどう処理すればいいの？　いろいろな疑問が頭に浮かびつつも、とりあえず、これまでの記録を確認して整理することにした。

> ・Ｃさんの生活保護開始決定の日　平成22年 9 月 1 日
> ・Ｃさんが父親から土地を相続した日（父親の死亡日）　平成27年 9 月 4 日
> ・Ｃさんの破産手続開始決定の日時　令和 5 年10月10日午後 1 時30分
> ・Ｃさんが免責許可決定を得た日　令和 6 年 1 月12日

　また、債権者集会で配布された「財産目録」を確認したところ、Ｃさん所有の土地については「破産財団から放棄」と記載がされていた。
　井口CWは、「破産財団から放棄」だって、どういう意味？　と危うく叫び出しそうになった。

Q26● ケースワーカーとして留意すべき事項⑤
事件処理終了後の立替金の償還免除申請

　Cさんの自己破産について、免責許可決定が確定し、事件処理が終了した、との報告を河本弁護士より受けました。

　事件処理が終了したことを受け、Cさんの担当ケースワーカーとして、留意すべき事項がありますか。

A26

1　回　答

　破産手続開始決定の日時、免責許可決定を得た日、Cさんの債務と財産等の情報については、後日、ケースワーク業務において必要となることがあります。そして、Cさんは、破産手続を通じて、これらの情報が記載された「破産手続開始決定」「業務要点報告書」「財産目録」「収支報告書」「免責許可決定」を受け取っているはずですが、事件処理終了後、いつまでもこれらの書面を保管しているとは限りません（筆者の弁護士としての経験上、事件処理後数か月も経つと、すべて紛失してしまっている人がほとんどです）。破産手続の事件処理終了の報告を受けた時点で、これらの書面の写しをCさん（もしくはCさんの代理人である河本弁護士）を通じて漏れなく取得できているかをあらためて確認すべきです。

　加えて、事件処理終了後、Cさんは、法テラスの本部に対して「償還免除申請書」に生活保護受給証明書を添付して提出しない限り、法テラスに対する立替金（**Q13**参照）の償還（返済と同じ意味です）の義務が免除されることはありません。事件処理終了後1か月以上経っても、Cさ

んが生活保護受給証明書の交付申請のためにＸ市福祉事務所の窓口を訪
ねてこない場合、担当ケースワーカーとして、Ｃさんに連絡をし、速や
かに償還免除の申請を行うよう助言すべきです。また、償還免除申請の
結果は、Ｃさんに対して書面で通知がされます。償還免除申請の結果の
確認も忘れずに行ってください。

2　解　説

　受任弁護士は、事件処理が終了した後、法テラスの地方事務所に対
し、「終結報告書」を提出します。[27]

　法テラスの地方事務所は、この「終結報告書」を受領した後、援助終
結決定を行ったうえで、被援助者（民事法律扶助による援助を受けて自己
破産をした者）に対し、「終結決定」と併せて「償還免除申請書」を送付
します。

　被援助者が、この「償還免除申請書」に必要事項を記入し、生活保護
受給証明書（免除申請前３か月以内に発行されたもの）を添付して法テラ
スの本部に郵送すると、法テラスは被援助者に対する立替金の償還義務
の免除の可否を判断します（この申請をしない限り、生活保護利用者であっ
ても、立替金の償還義務が免除されることはありません）。[28] そして、償還免
除申請の結果は、被援助者に対して書面で通知されます。[29]

　そのため、生活保護利用者である被援助者が、自己破産の申立てをし
て事件処理が終了した後１か月以上経っても、生活保護受給証明書の交
付申請のために福祉事務所の窓口を訪ねてこない場合、この償還免除申

27　法テラスの本部ではなく、利用者の事件を所管している地方事務所が窓口とな
　　ります。
28　業務方法書65条１項１号。
29　業務方法書65条５項。

請の手続を失念している可能性が高いと思われます（失念する人が少なくありません）。この場合、担当ケースワーカーから利用者に対し、速やかに償還免除申請を行うよう助言することが期待されます。

Q27● 破産手続終了後の破産者の財産の処分

　令和 6 年 7 月30日、Ｃさんが父親から相続した土地が売れ、Ｃさんの口座に売買代金20万円の入金がありました。

　この20万円に関して、生活保護法63条返還金（強制徴収公債権）の返還決定をすることができるのでしょうか。

A 27

1　回　答

　破産手続において「破産財団から放棄」されたＣさんの土地について、Ｃさんは自由に処分ができます。Ｃさんがその土地を売却し売買代金を受領しても、破産法上の問題は生じません。

　そして、Ｃさんは、父親から土地を相続した日である平成27年 9 月 4 日以降、土地を売却するまでの間、土地という「資力があるにもかかわらず、保護を受けた」といえますから、その間に支給された生活保護費は生活保護法63条返還金による返還の対象となり得ます。

　もっとも、今日現在である令和 6 年 7 月30日から 5 年よりも前に支給された生活保護費については、その返還を求める権利はすでに時効により当然に消滅しています。

　したがって、仮に今日、生活保護法63条返還金の返還決定をするので

あれば、令和元年 7 月31日以降に支給された生活保護費のうち、先に支給されたものから順に返還の対象としたうえで、返還決定を行うべきです。

2　解　説

(1)　破産財団から放棄

破産手続が開始された時に破産者が有するすべての財産は、原則として「破産財団」に属することとされ（破産法34条 1 項）、その破産財団に属する財産については、裁判所によって選任される破産管財人のみが管理処分する権限を有することになり、破産者は管理処分権限を失います（同法78条 1 項）。破産管財人は、管理処分権に基づき、破産財団に属する財産を調査して、できるだけ高額で処分し、最終的には、それによって得た金銭が債権者に対する配当の原資となります。

　もっとも、破産財団に属する財産の中には、買い手が見つからない、見つかったとしても売買代金が高額になる見込みはなく、管理処分するための費用ばかりがかさんでしまうなど、管理処分を続けることによってかえって「破産財団」が減少してしまうものもあり得ます。そのような財産について、破産管財人は、裁判所の許可を得て、「破産財団」から除外することができます（破産法78条 2 項12号）。これを「破産財団から放棄」といい、破産財団から放棄された財産については、破産者が再びその管理処分をする権限をもつことになります。[30]

　Ｃさんが父親から相続した土地は、破産手続において、「破産財団から放棄」されており、その管理処分権限はＣさんにありますから、Ｃさ

30　破産手続が同時廃止事件として処理される場合、破産者はその保有する財産について、管理処分権限を制限されません。

んはこれを自由に処分することができます。

(2)　生活保護法63条返還金の返還金債権の時効消滅

　生活保護法63条返還金の返還金債権は、「金銭の給付を目的とする普通地方公共団体の権利」であり、地方自治法236条1項によって5年で時効消滅します。[31] また、同条2項により消滅時効の効果を発生させるための時効の援用[32]は不要とされていますので、時効期間が経過することによって、生活保護法63条返還金の返還金債権は当然に消滅します。

　そして、生活保護法63条返還金の返還金債権の消滅時効の起算点については、「資力があるにもかかわらず保護を受けたとき」と解されています（問答集第1編問13-18）。

　したがって、実際に生活保護法63条返還金の返還決定を行う日から5年よりも前に支給された生活保護費については、その返還を求める権利はすでに時効により当然に消滅しているため、返還の対象とすることはできません。

---

[31]　生活保護法63条返還金の返還金債権について、生活保護法には時効に関する定めはありませんし、また、行政処分に基づいて発生する公債権であって私債権ではないので、民法の時効に関する定めの適用もありません。したがって、「時効に関し他の法律に定めがあるもの」には該当しないため、地方自治法236条1項が適用されます。

[32]　民法上は、消滅時効を主張するためには、債権者に対し、消滅時効により利益を受ける旨の意思を示す（時効の援用）必要があるとされています（同法145条）。

第4章

生活保護利用者の
預貯金債権差押え

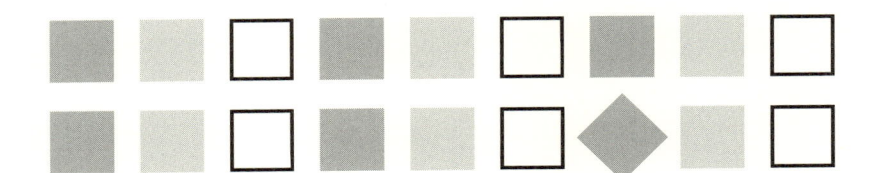

事例4　預貯金債権

X市で単身生活するDさん（60歳、男性）は、無職無収入であり、生活保護を利用している。Dさんの担当ケースワーカーは、井口CWである。

令和4年7月4日午後2時、井口CWはDさんからの電話を受けた。電話口のDさんは相当慌てている様子で、「預金口座から預金を引き出そうとY銀行に行ったのに引き出すことができない」「ATMから出てきた預金通帳には『サシオサエ』と印字されている」とのことだった。

井口CWは、状況が飲み込めないでいたものの、このままDさんを放っておくこともできないと考え、とりあえずDさんにすぐに福祉事務所まで来てもらうことにした。

同日午後3時、DさんがX市福祉事務所の窓口にやってきた。そして、井口CWがDさんの持参したY銀行の預金通帳を確認したところ、次のように記帳されていた。

年月日	お支払金額	お預り金額	差引残高
04-07-01		112,320Xシホゴ゛カ	113,777
04-07-04	113,777サシオサエ		0

井口CWがDさんに対して借金の有無を確認したところ、10年以上前にAコムという消費者金融業者から借入れをしたものの、ここ5年近くの間、全く返済しておらず、債権者であるAコムから請求書も届いていないので、借金の存在自体をすっかり忘れていた、とのことだった。

Q28● 生活保護利用者と差押え

　　　生活保護法には差押禁止の規定があるはずです。にもかかわらず、生活保護利用者であるDさんが差押えを受けることがあるのでしょうか。

A28

1　回　答

　差押禁止の規定である生活保護法58条は、「既に給与を受けた保護金品……又はこれらを受ける権利を差し押さえられることがない」と定めていますが、その他の財産については言及していません。そのため、生活保護利用者が生活保護法58条に列挙されていない財産（例：不動産、給与債権、預貯金債権）を保有する場合、これらの財産は差押えの対象となります。

　なお、生活保護費が口座振替えの方法によって支給されている場合であっても、差押禁止の規定上、預貯金債権と生活保護の支給を受ける権利とは明確に区別して取り扱われていますので、留意が必要です。

2　解　説

(1)　「差押え」とは

　「差押え」とは、裁判所が、債権者（例：お金を貸した人）の権利の実現（例：貸付金の回収）のため、債務者（例：お金を借りた人）に対して、財産（不動産、動産、債権）の処分を禁止することをいいます。

　お金を貸したものの、借主が約束した返済期限を過ぎても返済してく

れない場合、貸主は、裁判所を通じて、借主の財産の中から貸付金の回収を試みることになります（このような裁判所を通じた債権回収のための手続を「強制執行」といいます）。ですが、強制執行の手続が開始したにもかかわらず、借主がその財産を自由に処分できる状態のままにしておくと、借主は貸主による回収を逃れようとして自分の財産を隠したり、使い切ってしまったりしてしまうかもしれません。「差押え」には、そのような事態を防ぐ機能があります。

(2)　生活保護法58条の差押禁止財産

　もっとも、さまざまな理由により、「差押え」が禁止される財産（差押禁止財産）が存在します。差押禁止財産については、民事執行法その他の法律で規定されていますが、生活保護法58条もその規定の一つです。

　生活保護法58条は、生活保護利用者が「既に給与を受けた保護金品」（窓口支給の方法等によりすでに直接支給を受け自分の手元にある生活保護費）については、差し押さえられることがない、つまり、処分を禁止されることはない旨規定しています。

　また、生活保護者が保有する「これらを受ける権利」（支給決定がされたものの、いまだ支給されていない生活保護費について、保護の実施機関に対しこれを支給するよう求める権利）についても、同様です。

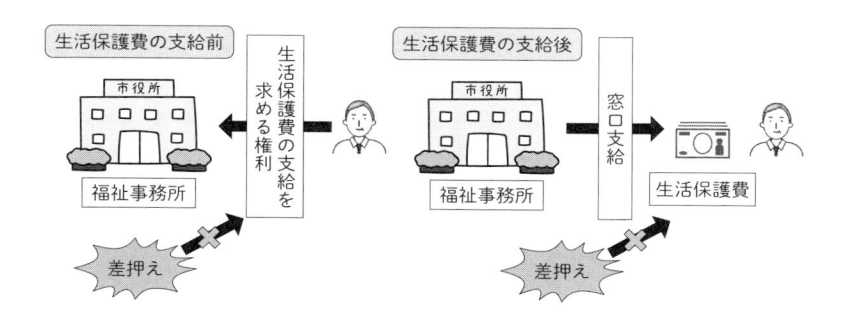

　生活保護利用者が民事上の債務を負っていたとしても、その「健康で文化的な最低限度の生活を営む権利」（憲法25条1項）は保障されてしかるべきだからです。

(3)　生活保護利用者の保有する預貯金債権

　生活保護費が口座振替えの方法によって生活保護利用者名義の預金口座に振り込まれた場合、いまだ支給された生活保護費は当該生活保護利用者の手元にはありません。また、当該生活保護利用者は、すでに生活保護費の支給を受けていますから、保護の実施機関に対し生活保護費を支給するよう求める権利も保有していません。つまり、生活保護法58条が禁止している差押えを受ける余地はありません。その代わりに、金融機関に対して預貯金の払戻しを求める権利（預貯金債権）を保有しています。

　そして、預貯金債権は、それが生活保護利用者の保有するものであったとしても、差押禁止の規定上、生活保護費（あるいは生活保護費の支給を受ける権利）とは明確に区別した取扱いがされています（預貯金債権については、生活保護法58条のようにその差押えを禁止する規定が存在しません）。なぜなら、その預貯金は、以前から預貯金口座にあった預貯金と振り込まれた生活保護費とが混じって一体となったものであって、必ずしも生活保護費と同一とはいえないからです。

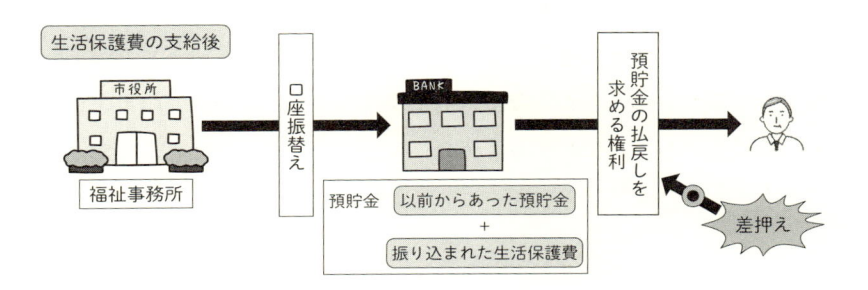

　ですから、Ｄさんの預貯金債権が差し押さえられる、つまり、Ｄさんへの預貯金の払戻しが禁止される（その結果、Ｄさんは預貯金口座から預貯金を引き出せなくなる）ことはあり得ます。

　生活保護利用者であったとしても、差押えと無縁とはいえないのです。

Q29● 差押えを受けるリスクの有無

　Ｄさんのように要保護者に借金がある場合、常に差押えを受けるリスクがあるのでしょうか。

A29

1　回　答

　「借金がある」イコール「差押えのリスクがある」というわけではありません。

　債権者は、裁判所に対して差押命令の申立てをするにあたり、申立書に添付して「執行力のある債務名義」を提出する必要があります。つまり、借金があったとしても、まだ債務名義のない状態であれば、直ちに差押えを受けるリスクはありません。

　裏を返すと、Ｄさんが預貯金債権の差押えを受けたということは、債権者から裁判を起こされて敗訴判決を受けるなど、裁判所での手続を通じ、債権者のＤさんに対する債権の存在がすでに確定している可能性が高いと考えられます。

2　解　説

　差押えを受けると、債務者は自分の財産を自由に処分することができなくなるわけですから、その不利益は重大です。ですから、裁判所は、債権者が債務者に対して確かに債権を有していることを確認して初めて、差押命令を発令します。そのため、債権者は、裁判所に対して差押命令の申立てをするにあたり、執行力のある債務名義（強制執行によって実現されることが予定される請求権の存在、範囲、債権者、債務者を表示した公の文書のことで、「確定判決」や「仮執行の宣言を付した支払督促（仮執行宣言付支払督促）」がこれにあたります）（民事執行法22条）を添付して提出することが求められます（同法25条、民事執行規則21条）。

　そして、消費者金融業者が債権者として差押命令の申立てを行う場合、貸付金の返済を求める訴訟を提起して「確定判決」を得た、もしくは、支払督促[1]の申立てをして、債務者による異議の申立てがないまま、「仮

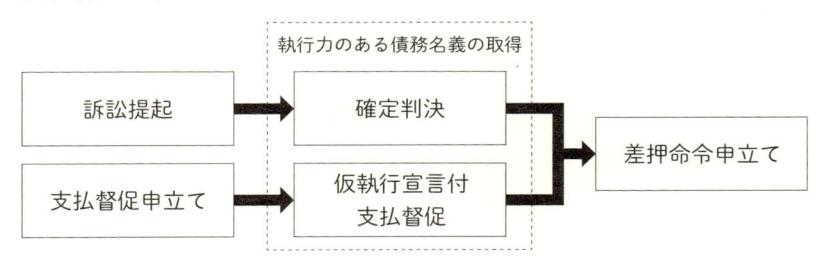

1　支払督促は、簡易裁判所を利用した簡易な債権回収のための手続です。「金銭、有価証券、その他の代替物の給付に係る請求について、債権者の申立てにより、その主張から請求に理由があると認められる場合に、支払督促を発する手続であり、債務者が支払督促を受け取ってから2週間以内に異議の申立てをしなければ、裁判所は、債権者の申立てにより、支払督促に仮執行宣言を付さなければならず、債権者はこれに基づいて強制執行の申立てをすることができます」（裁判所「支払督促」〈https://www.courts.go.jp/saiban/syurui/syurui_minzi/minzi_04_02_13/index.html〉（2024年2月23日閲覧））。

執行宣言付支払督促」を得た、そういった状況にあることがほとんどです。つまり、借金がある要保護者に直ちに差押えを受けるリスクがあるかどうかを判断するためには、裁判手続の進捗状況を確認することが肝要だといえます。

Q30● 預貯金債権に対する強制執行の手続

　債権者である消費者金融業者（Ａコム）が預金債権の差押命令申立てを行った結果、７月４日にＤさん名義のＹ銀行Ｚ支店に対する預金債権が差し押さえられました。そして、今日は７月５日です。

　今後、Ｄさんの預金債権に対する強制執行の手続はどのように進んでいくのでしょうか。

A 30

1　回　答

　預貯金債権に対する強制執行は、①債権差押命令の申立て→②債権差押命令発令→③第三債務者に対する「債権差押命令」の送達→④預貯金債権の差押え（預貯金の払戻しが制限されます）→⑤債務者に対する「債権差押命令」の送達→（債務者に対する送達の日の翌日から数えて７日経過）→⑥取立て（債権者が第三債務者に対して直接、差し押さえた債務者名義の預貯金の払戻しを求め、債権の回収を実現します）の順で手続が進みます。

　したがって、数日中のうちにＤさんの自宅に裁判所から「債権差押命令」が送達され、その送達がされた日の翌日から数えて７日が経過した

後、債権者Ａコムは、第三債務者であるＹ銀行に対して直接、Ｄさん名義の預金口座にある預金113,777円の払戻しを求めることにより（「取立て」）、Ｄさんに対する貸付金の回収を図ることになります。

2　解　説

(1)　「第三債務者」とは

Ｄさんが生活保護利用者であっても、全く財産がないわけではなく、Ｙ銀行に預金口座を開設しているのであれば、その預金債権がＤさんの財産となります（たとえ残高が数円だったとしても財産であることに変わりはありません）。そして、Ｙ銀行は、Ｄさんが預金口座にある預金の払戻しを求めた場合、預かっている預金をＤさんに返還しなければならないという義務（債務）を負っています。

Ｙ銀行のように、債務者（Ｄさん）に対して債務を負う者を、手続上、「第三債務者」といいます。

(2)　手続の流れ

債権者であるＡコムが裁判所[2]に対して預金債権の差押命令申立てをすることにより、強制執行の手続が開始します（①）。

申立てを受けた裁判所は、申立書に添付された執行力のある債務名義等を確認したうえで、債権差押命令を発令します（②）。

その後、裁判所は、まず、第三債務者であるＹ銀行に対してのみ、「債権差押命令」を送達します（③）。

「債権差押命令」の送達を受けたＹ銀行は、送達を受けた時点でＤさん名義の預金口座にある預金残高について、その払戻しをしてはならな

2　債務者であるＤさんの住所地を管轄する地方裁判所（民事執行法144条1項、民事訴訟法4条2項）。

いという制限を受けます。これが「差押え」です（④）。なお、あくまで「債権差押命令」の送達がされた一時点（7月4日午前11時に送達がされたのであれば、まさにその日時）の残高が「差押え」の対象ですから、その時点以降に預金口座に入金があった分については、制限を受けることなく、Dさんは預金の払戻しを受けることができます。

　裁判所は、Y銀行が「債権差押命令」の送達を受け、Y銀行からDさんへの預金の払戻しが制限されたことを確認した後、今度は債務者であるDさんに対しても「債権差押命令」を送達します（⑤）。

　そして、債務者であるDさんが「債権差押命令」の送達を受けた日の翌日から数えて7日間が経つと、債権者であるAコムは、Y銀行に対して、差し押さえたDさん名義の預金口座の残高を、Dさんにではなく直接Aコムに対して払戻しをするよう請求することができるようになります（民事執行法155条1項）（なお、起算日について、同法20条、民事訴訟法95条1項、民法140条）。これを「取立て」といいます（⑥）。

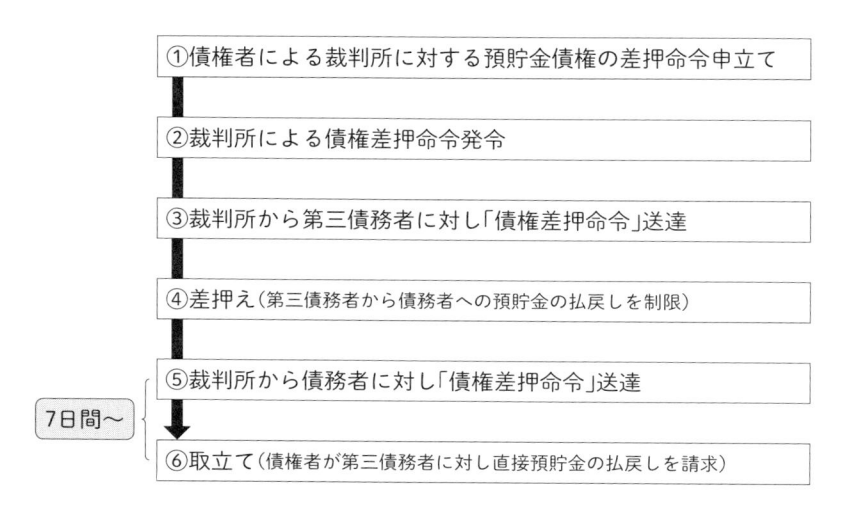

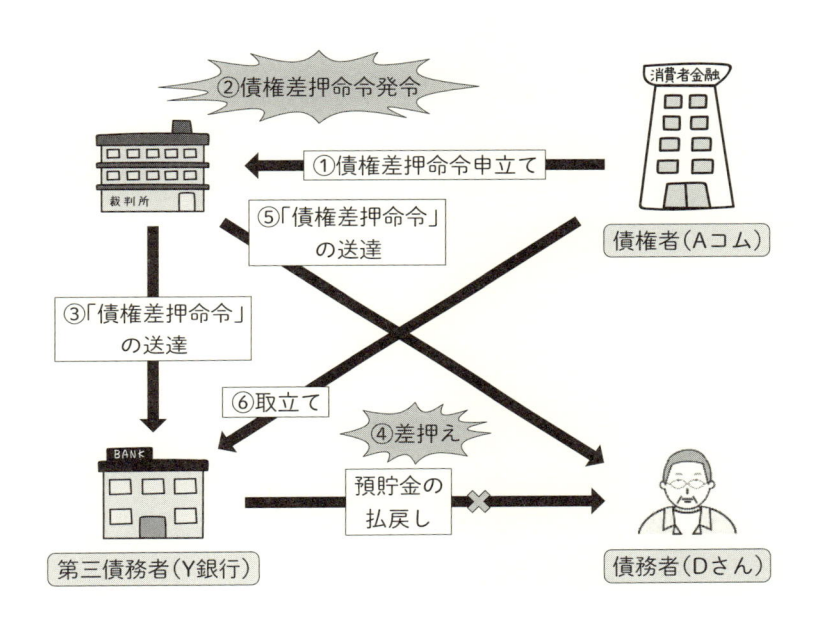

Q31● 預貯金債権の差押命令取消申立て

　Dさんは無職無収入であり、7月1日付けで生活保護費が振り込まれたY銀行の預金口座にある預金がDさんの全財産です。この預金が差し押さえられ払戻しを受けることができない（口座から引き出すことができない）ということになると、Dさんの生活は立ち行きません。Dさんが預金の払戻しを受ける方法はないのでしょうか。

A31

　預貯金債権の差押命令を発令した裁判所に対して、債権差押命令の取消しを求めて申立てをすることができます（これを「債権差押命令取消申

立て[3]」（民事執行法153条1項）といいます）。この申立ては、裁判所に申立書を提出して行います。なお、その具体的な手続の内容について説明した書面が「債権差押命令」とともに債務者であるＤさんの下に送達されているはずですので（同法145条4項、民事執行規則133条の2第1項・2項）、まずはその書面をよく確認してください。

　なお、預貯金債権の差押命令取消申立てを行う場合、①申立てに要する費用（**Q32**参照）、②申立ての期限（いつまでに申立てを行う必要があるか）（**Q33**参照）、③払戻しの時期（いつ預貯金の払戻しが可能になるか）（**Q36**参照）の三つの点に留意する必要があります。

Q32● 預貯金債権の差押命令取消申立てに 要する費用

　いったん差し押さえられた預貯金債権について、その差押命令取消申立てを行う場合、費用はかかるのでしょうか。

A32

　預貯金債権の差押命令取消申立てを行う場合、裁判所に対して手数料を納める必要はありません。

　もっとも、裁判所から各当事者に郵便物を送達する際に使用する郵便切手（「郵券」ともいいます）を納付する必要があります。納めなければならない郵便切手の総額とその内訳は裁判所によって異なりますので、事前に申立てをする裁判所に確認をしてください（裁判所によってはウェ

3　「差押禁止債権の範囲変更（減縮）申立て」と表記されることもあります。

ブサイト上で案内していますし、ほとんどの裁判所は電話での問合せにも応じてくれます）。

　なお、東京地方裁判所は総額5,280円（内訳：500円×6枚、100円×8枚、84円×10枚、20円×20枚、10円×20枚、2円×20枚の郵券の予納が必要であるとしていますが（令和6年1月1日現在）、手続の内容や進行具合により追加の納付を求められることもあります。

Q33● 預貯金債権の差押命令取消申立ての 期限

　Dさんは、7月4日に預金債権を差し押さえられ、翌5日に裁判所から「債権差押命令」の送達を受けました。

　Dさんが預金債権の差押命令取消申立てを行う場合、いつまでに行う必要がありますか。

A33

1　回　答

　「債権差押命令」が債務者に送達された日の翌日から数えて7日が経過すると、債権者は第三債務者に対して直接取立てをすることができるようになります。債権者による取立てが完了すると、債権差押命令が取り消される余地はなくなるため、遅くとも取立てが完了する前に預貯金債権の差押命令取消申立てを行う必要があります。

　Dさんは7月5日に「債権差押命令」の送達を受けていますので、同月13日以降、債権者であるAコムは第三債務者であるY銀行に対する取

立に速やかに着手するものと考えられます。

　したがって、Dさんとしては、裁判所から「債権差押命令」の送達を受けた後、可能な限り速やかに、遅くとも同月12日までには、預金債権の差押命令を発令した裁判所に対し、その命令の取消しを求める内容の申立書を提出する必要があります。

2　解　説

　預貯金債権の差押命令取消申立ては時間との闘いですので、債権差押命令取消しの手続がどのように進み、今現在、手続のどの段階にあるのかを常に意識しておく必要があります。

　預貯金債権の差押命令を発令した裁判所に対して債権差押命令取消申立書を提出すると、裁判所は第三債務者に対して連絡をして、債権差押命令取消しの申立てがされたことを伝えるとともに、債権者から取立てがあってもこれに応じないよう要請をすることが多いと思われます。債権者の第三債務者に対する取立てが完了してしまうと、債権差押命令取消しの余地はないと理解されていますので、取立てが完了するまでに、債権差押命令取消申立書を裁判所に提出し、裁判所から第三債務者に対してこの要請をしてもらう必要があります。

　そして、債権者は、「債権差押命令」が債務者に送達された日の翌日から数えて7日が経過すると、第三債務者に対して取立てをすることができるようになります（民事執行法155条1項）（なお、起算日について、同法20条、民事訴訟法95条1項、民法140条）。ですから、債務者としては、債務者が「債権差押命令」を受け取った日の翌日から7日が経過すると

4　相澤眞木＝塚原聡編著『民事執行の実務——債権執行編(上)〔第4版〕』（きんざい、2018年）374頁。

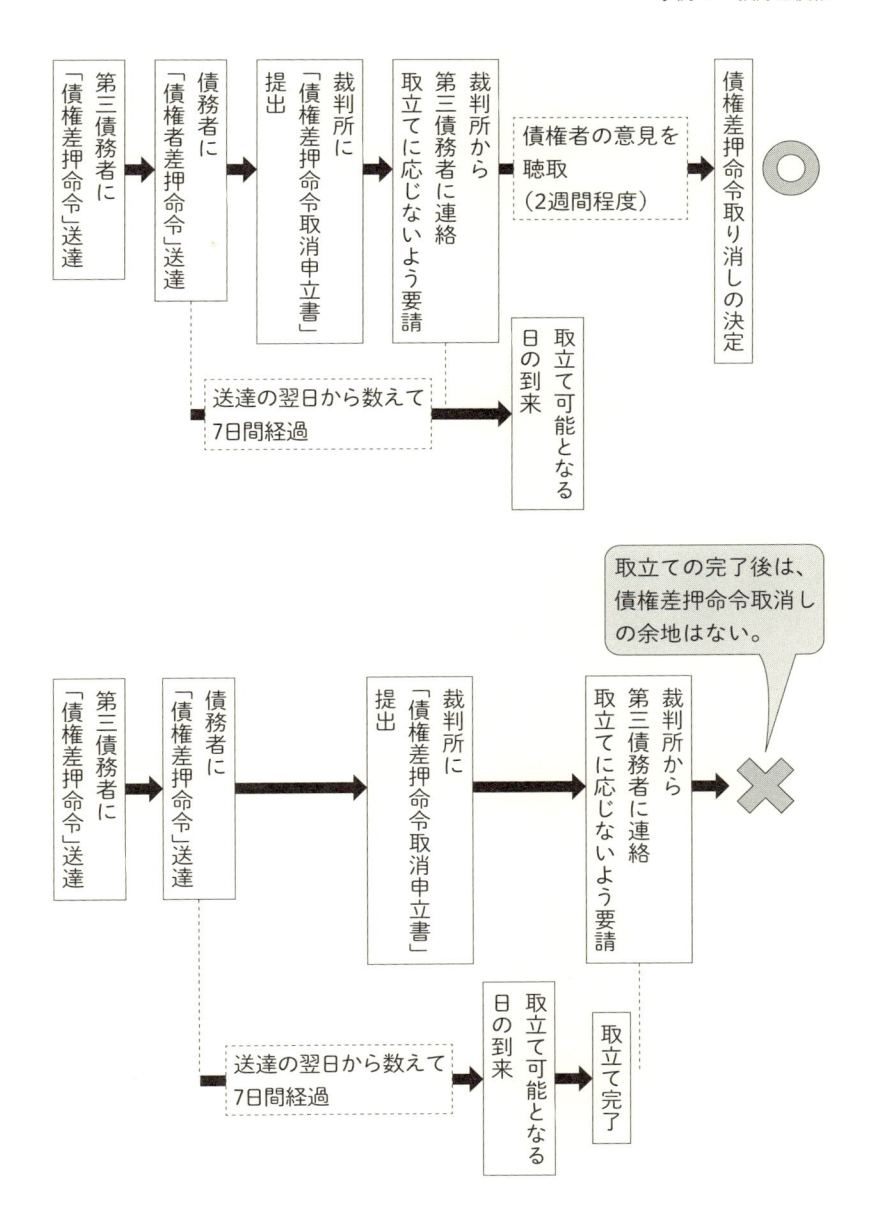

速やかに取立てが完了してしまうと想定したうえで、遅くともこの期間が経過するまでに、債権差押命令取消申立書を裁判所に提出するべきです。

　なお、裁判所に債権差押命令取消申立書を提出しても、裁判所がすぐに事件処理に着手するとは限りませんので（裁判官が常駐していない裁判所もあります）、余裕をもって書面を提出することをお勧めします。

Q34● 弁護士につなぐ

　　　　　　　預貯金債権の差押命令取消申立てについて、Ｄさん本人だけで行うことができるのか、不安があります。そこで、Ｄさんに対し、弁護士に速やかに相談したうえで事件処理を依頼するようアドバイスをしたいと考えています。

　このような対応をすることについて、問題はないでしょうか。

A34

1　回　答

　債権差押命令取消申立ては時間との闘いです。債務者が預貯金債権の差押えを受けてから弁護士に相談・依頼をしても、申立ての期限に間に合う可能性は極めて低いといわざるを得ません（日本のどこかには、突然やってきた依頼を、他の仕事をそっちのけで即座に、無償で、場合によっては持ち出しで対応してくれる弁護士もいるかもしれないので、可能性がゼロとはいいませんが……）。

　Ｄさん本人だけで申立てを行うのに不安があるのであれば、担当ケー

スワーカーが支援するほかないと思われます。

2　解　説

　弁護士に相談をして、事件処理を依頼する場合、①弁護士会や法テラスの法律相談窓口、あるいは個別の弁護士事務所に電話をして、法律相談の申込みをする→②法律相談の実施→③事件処理の依頼（委任契約の締結）および着手金（弁護士報酬）の支払い→④弁護士による事件処理着手の順で手続が進みます。特に着手金を一括で支払う資力がなく民事法律扶助（制度のしくみについて、**Q12**参照）の利用が前提となる生活保護利用者の場合、委任契約に先立ち民事法律扶助の援助開始決定を得る必要があるため、①法律相談の申込み→④弁護士が事件処理に着手するまでに数週間から1か月程度は要すると考える必要があります（**Q9**参照）。

　その一方で、預貯金債権の差押命令取消申立てを行う場合、遅くとも債務者が「債権差押命令」の送達を受けた日の翌日から数えて7日が経過するまでに、債権差押命令取消申立書を裁判所に提出する必要があります（申立ての期限について、**Q33**参照）。

　つまり、預貯金債権を差し押さえられた後、弁護士に相談・依頼をしていたのでは、弁護士が事件処理に着手するまでに申立ての期限が過ぎてしまいます。弁護士につなぐことが必ずしも問題解決のために有益ではないケースでいえるでしょう。

　すでに預貯金債権を差し押さえられたDさんにとって、弁護士に相談・依頼をせずに自分で手続を行っていくことこそが現実的な選択肢であると思われます。

Q35● 預貯金債権の差押命令取消申立書の作成

預貯金債権の差押命令取消申立書を作成するにあたり、定められた書式はありますか。

A35

預貯金債権の差押命令取消申立書について特に定められた書式はありませんが、裁判所に提出する書面はＡ４・横書きで作成するのが一般的です（ウェブサイト上に申立書の書式を掲載している裁判所もありますが、必ずその書式を使用して作成しなければならないわけではありません）。

そして、裁判所は、「債務者及び債権者の生活の状況その他の事情を考慮して」（民事執行法153条１項）、債権差押命令取消しの是非を判断しますので、申立書には、債務者（申立人）の家族構成や収入状況を踏まえ、差押えが続行される（その結果として、預貯金の払戻しを受けることができない）ことによって債務者の生活に生じる著しい支障の内容について、具体的に記載する必要があります（具体的な記載内容については、裁判所のウェブサイト上に掲載されている書式のほか、【書式例②】を参考にしてください）。

もっとも、預貯金債権の差押命令取消申立ての場面では、申立ての期限（**Q33**参照）に間に合わせることが最優先です。債務者の事情等については、申立て後に裁判所からの問合せに応じる形で追加して主張することも可能ですから、まずは、速やかに申立てを行うことを考えるべきです。

【書式例②】　債権差押命令取消申立書

債権差押命令取消申立書

令和4年7月5日（※1）

○○地方裁判所　御中（※2）

申立人　D　㊞（※3）

当事者の表示

〒○○○-○○○○　○○県○○市○○町○○-○○（送達場所）

申立人（債務者）　D

連絡先（TEL）　○○○-○○○○-○○○○（※4）

〒○○○-○○○○　東京都○○区○○町○○-○○

相手方（債権者）　株式会社Aコム

代表者代表取締役　○山○太郎（※5）

申立ての趣旨

1　上記当事者間の御庁令和4年(ル)第○○号（※6）債権差押命令
申立事件につき、第三債務者Y銀行（Z支店）（※7）に対する債
権差押命令を取り消す、との裁判を求める。

2　また、上記裁判の効力を生ずるまでの間、第三債務者は、債権
者に対し、支払その他の給付をしてはならない旨の決定を求める。

申立ての理由

1　申立人の家族構成
申立人は、60歳の男性であり、単身生活をしている。

2　申立人の収入
申立人の収入は、生活保護の保護費（月額112,320円）のみであ
り、保護費は、御庁令和4年(ル)第○○号債権差押命令申立事件で

差し押さえられた第三債務者Y銀行（Z支店）に対する預金債権の口座（以下「本件口座」という。）に振り込まれている。

3　差押えが続行されることによって申立人の生活に生じる著しい支障

申立人は、生活保護法の被保護者であるが、申立人の収入は保護費のみであり、申立人には不動産や他の預貯金等の資産もない。

そして、本件口座は保護費の振込みにのみ使用されている口座で、差押え時の残高113,777円の原資は全て保護費である。

したがって、差押え時の本件口座の残高113,777円の金員がなければ、申立人の生活の維持に著しい支障が生じることは明らかである。

4　結語

よって、本申立てに及ぶ次第である。

添付書類

1　生活保護受給証明書　　　　　　　　　　1通
2　生活保護等受給決定書写し　　　　　　　1通（※8）
3　預金通帳写し　　　　　　　　　　　　　1通（※9）
4　上記添付書類の写し　　　　　　　　　各1通（※10）
5　申立書副本　　　　　　　　　　　　　　1通（※11）

※1　書面作成日を記載します。

※2　「債権差押命令」を発令した裁判所に対して申立てをします。債務者が送達を受けた「債権差押命令」に記載がありますので、確認をしてください。

※3　債務者（申立人）であるDさん自身が署名をして押印をします。印鑑は三文判で構いませんが、シャチハタは不可です。

※4　裁判所からの問合せに速やかに応答することできるように、平日の日中に連絡をとることができる電話番号を記載します。

※5　債権者が株式会社など法人の場合、所在地、名称、代表者代表取締役

の氏名を記載します。「債権差押命令」に記載がありますので、確認をしてください。

※6　取消しを求める債権差押命令の事件番号を記載します。「債権差押命令」に記載がありますので、確認をしてください。

※7　第三債務者が金融機関である場合、差押えを受けた預貯金口座の開設されている支店名まで記載する必要があります。なお、第三債務者が株式会社ゆうちょ銀行である場合、「（○○）貯金事務センター扱い」として、支店名ではなく取扱いのある貯金事務センター名を記載する必要があります。取扱いのある貯金事務センター名は「債権差押命令」に記載されていますので、確認をしてください。

※8　債務者（申立人）が生活保護利用者の場合、その収入を疎明する資料として支給される生活保護費の金額が記載された生活保護等受給決定書の写しを提出します。

※9　債務者（申立人）の収入および資産の状況を疎明する資料として債務者（申立人）名義の預貯金通帳すべて（差押えを受けた預貯金口座に限りません）の写しを提出します。少なくとも過去1年分の取引履歴が記帳されていることが望ましいため、通帳を繰り越して間もない場合、繰越し前の通帳の写しも併せて提出します。なお、裁判所に提出する写しは、A4の用紙で作成します（その際、用紙の大きさに合わせるために拡大・縮小することは避けてください）。

※10　債務者（申立人）の収入および資産の状況を疎明する資料については、さらに1部ずつ写しを提出します（債権者への送付用）。

※11　申立書については、写しではなく副本（ある文書の正本と同一内容のものとして作成される文書）の提出が求められます。

　　　具体的には、債務者（申立人）が署名押印をする前の状態の申立書を2部作成し、2部ともに署名押印のうえ、うち1部を正本、うち1部を副本として提出します。

Q36● 預貯金の払戻しが可能となる時期 ～預貯金債権の差押命令取消申立て後 の手続

　Dさんが預金債権の差押命令取消しの申立てをして、無事に債権差押

命令取消しの決定がされた場合、差し押さえられていた預金の払戻しを受けることができるようになる時期はいつ頃になるのでしょうか。

A 36

1　回　答

　Dさんによる預金の払戻しが可能になる時期については、預金債権の差押命令取消申立てをした3週間後が一つの目安となります。

2　解　説

　債務者（申立人）が裁判所に預貯金債権の差押命令取消申立書を提出すると、裁判所は、債権者（相手方）に対し、申立書の副本を送付し、2週間程度の期限を定めて意見等の提出を求めたうえで、すでにした債権差押命令を取り消すか否かの判断をすることが多いと思われます。

　その後、裁判所が債権差押命令取消しの決定をすると、裁判所から第三債務者（**Q30**参照）である金融機関に債権差押命令が取り消された旨の連絡がされ、その連絡を受けた第三債務者が事務処理をして、ようやく債務者が差し押さえられた預貯金の払戻しができる状態になります。裁判所から第三債務者への連絡、第三債務者内部での事務処理に1週間程度を要する可能性があります。

　ですから、債権差押命令取消申立書を提出した後、債務者であるDさんが預金の払戻しを受けることができるようになるまでに少なくとも3週間程度は要するものと考えておいたほうがよいと思います。

Q37● 当面の生活の支援

　Ｄさんが預金債権の差押命令取消しの申立てをした後、実際にＤさんが預金の払戻しを受けることができるようになるまでの間、Ｄさんの手元にはお金がありません。担当ケースワーカーとして、Ｄさんの当面の生活を支援するために、どのような方策が考えられますか。

A37

1　回　答

　生活保護費の再支給、都道府県社会福祉協議会の行う生活福祉資金貸付制度の利用は、いずれも困難だと思われます。

　フードバンクによる食品給付、市町村社会福祉協議会が独自に実施している配食サービスや貸付けなど、民間の社会資源の活用を検討するべきでしょう。

2　解　説

(1)　生活保護費の再支給

　生活保護費の再支給は、災害、盗難、強奪その他不可抗力など、すでに受給した生活保護費を失ったことについて生活保護利用者本人に帰責性がなく、扶養義務者からの援助や本人の預貯金の活用によっては本人の急迫・緊急状態を回避できない場合に認められます（手帳435頁以下、局長通知第10-4、課長通知問10の16参照）。

　Ｄさんは、預貯金債権の差押えを受けるまでの間、その借金を債務整理することなく放置していたわけですから、すでに支給を受けた生活保

護費を失ったことについて帰責性がないと評価することは困難だと思われます。

(2)　生活福祉資金貸付制度

　生活福祉資金貸付制度とは、低所得者や高齢者、障害者の生活を経済的に支えるとともに、その在宅福祉および社会参加の促進を図ることを目的とした貸付制度です。

　都道府県社会福祉協議会を実施主体として、県内の市区町村社会福祉協議会が窓口となって実施しています[5]。

　生活福祉資金貸付制度のうち、緊急小口資金に関しては、申込みを受けてから10日程度で貸付けが実施されることもあり得るため、検討の余地があります。運用要領には、借入申込者が生活保護利用者の場合、「保護の実施機関において当該世帯の自立更生を促進するため必要があると認められる場合に限り、必要な資金を貸し付けることができる」と定められているところ[6]、保護の実施機関として、Ｄさんの従前の生活状況に特段の問題がなく、速やかに預貯金債権の差押命令取消しの申立てを行い、かつ、その他に活用できる民間の社会資源がない等の事情がある場合には、貸付けの必要性ありと認める余地はあるものと考えます。

　他方、生活福祉資金貸付制度は、緊急小口資金を除き、申込みから貸付けが実施されるまでに早くとも1か月程度の期間を要することから、Ｄさんの当面の生活を支援する方策としての利用は現実的ではありません。

5　全国社会福祉協議会「福祉のガイド　福祉の資金（貸付制度）」〈https://www.shakyo.or.jp/guide/shikin/seikatsu/index.html〉（2024年2月24日閲覧）。
6　平成21年7月28日社援発0728第13号厚生労働省社会・援護局長通知（「生活福祉資金（福祉資金及び教育支援資金）貸付制度の運営について」）の別紙「生活福祉資金（福祉資金及び教育支援資金）運営要領」第7・3。

Q38● 預貯金債権の差押命令取消し後の支援

　Ｄさんの預金債権に対する差押命令が無事に取り消されました。

担当ケースワーカーとして、Ｄさんの A コムへの借金について、このまま何も対処をしなくて問題はないのでしょうか。

A38

預貯金債権に対する差押命令が取り消されたとしても、借金の返済義務までが消えてなくなるわけではありません。自己破産の申立てや債務不存在確認の訴え提起を行うなど適切な対応をしない限り、債権者が再びＤさんの預貯金債権の差押命令申立てを行うことは可能ですし、実際問題としてその可能性を否定できません。[7]

まずは、当座の対応として、生活保護費の支給方法を口座振替えから窓口支給の方法に変更する必要があります。

そのうえで、Ｄさんに対し、弁護士に相談のうえでしかるべき対応をとるようアドバイスをすべきでしょう。

7　貸金債務の不存在の争い方について、宮崎地判令和２・10・21消費者法ニュース126号141頁（消滅時効が完成した後に確定した仮執行宣言付支払督促を債務名義とする強制執行の強制力の排除を求めた事件）が参考になります。

第5章 シングルマザーによる養育費請求

事例 5 - ① 認知調停

　E さん（20歳、女性）は、X 市（3 級地-1、冬季加算地域区分 I 区）で単身、生活保護を利用して生活をしている。

　E さんの担当ケースワーカーである井口CWは、令和 3 年 9 月、E さんから妊娠 3 か月であると報告を受けた。交際相手である Q さん（30歳、男性）との間の子であり、Q さんは会社員をしていて、少し落ち着いたら Q さんと結婚して生活保護から脱却するつもりである、とのことだった。井口CWは、そんなふうにうまくいくものなのかな？　うまくいくに越したことはないけども、と少し不安を感じた。

　案の定というべきなのか、妊娠をきっかけに、E さんと Q さんとの間でけんかが絶えなくなった。Q さんは、E さんに対し、「お腹の子は本当に俺の子なのか？」、そんなことをたびたび口にするようになったらしい。井口CWは、E さんから毎日のように電話を受けては、愚痴や泣き言を聞かされ続けた。E さんが自殺を仄めかすので、警察官といっしょに E さん宅に駆けつけたことも何度かあった。

　結局、E さんと Q さんとは、令和 3 年12月に破局してしまった。E さんは、すでに妊娠22週を過ぎていたこともあり、子どもを産んで一人で育てる決意をしたものの、井口CWとしては、本当に大丈夫かな？　というのが率直な気持ちだった。

　その後、X 市の子ども育成課が E さんの対応に追われている、そんな噂話が耳に入るたび、井口CWは不安を募らせていったが、令和 4 年 5 月 5 日、無事に元気な男の子が産まれた。

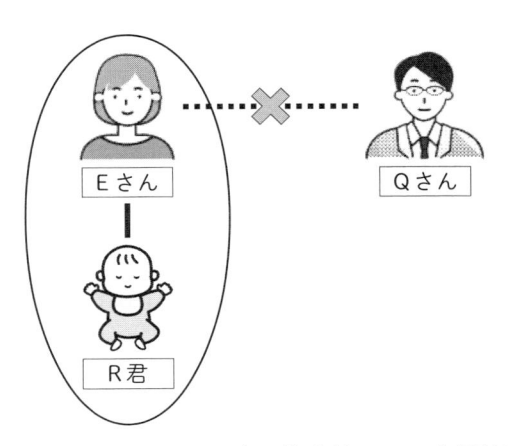

　令和4年8月25日、Eさんが赤ん坊を抱いてX市福祉事務所を訪ねてきた。3か月検診の帰りらしい。赤ん坊はR君と名づけられていた。

　応対した井口CWが来庁の理由を尋ねたところ、Qさんに対してR君の養育費を請求したいけれど、Qさんとは昨年12月に別れて以降一度も連絡をとっていない、どうしたらいいのかわからないので相談したい、とのことだった。

Q39● 扶養義務

　　　Eさんは、Qさんとの間の子であるR君を育てていますが、Qさんと結婚はしていません。

　Eさんは、Qさんに対し、R君の養育費を請求することができるのでしょうか。

1　回　答

　Q さんは、R 君の血のつながった父親かもしれませんが、R 君の母親である E さんと婚姻関係にはなく、R 君を認知もしていないことから、Q さんと R 君との間に法律上の父子関係はありません。そのため、Q さんは、R 君の養育費を負担する義務の前提となる「R 君に対する扶養義務」を負いません。

　E さんが Q さんに対して R 君の養育費を請求するためには、まず、Q さんに R 君の認知を求める必要があります。

2　解　説

(1)　養育費とは

養育費とは、子どもの監護や教育のために必要な費用のことをいい、一般的には、子どもが経済的・社会的に自立するまでに要する費用を意味し、衣食住に必要な経費、教育費、医療費などがこれにあたります[2]。

(2)　養育費負担義務の根拠〜親子間の扶養義務

　養育費を負担する義務の法的根拠については、親権（民法820条）ではなく、親子という特殊のつながりから発生する扶養義務（同法877条 1 項）にあると考えられています[3]。ですから、子をもつ両親が離婚した場

1　「監護」とは、ある程度の期間継続して、保護の必要な児童がその福祉に適う社会生活を送ることができるように監督・保護を行うことをいいます。監督・保護のために必要な費用を負担することと必ずしも同一ではないことに留意する必要があります。

2　法務省「養育費」〈https://www.moj.go.jp/MINJI/minji07_00016.html〉（2024年 2 月24日閲覧）。

合、親権がいずれにあるかを問うことなく、子を監護している親は他方の親に対して養育費を請求することができ、子を監護していない親は親権がないことを理由に養育費の支払いを拒絶することはできません。

(3)　婚外子に対する父の扶養義務

扶養義務が親子という特殊のつながりから発生するとして、ここでいう「親子」とは「法律上の親子」を指します。父子の場合、この法律上の親子関係（父子関係）は、法律上婚姻関係にある父母の間に子が生まれたときに当然に発生しますが、いわゆる婚外子については、父が子を認知して初めて発生します。

ですから、父は、いわゆる婚外子の場合、血のつながった子であっても、認知をして法律上の父子関係が発生しない限り、子に対する扶養義務を負わないと考えられています。[4]

したがって、ＥさんとＱさんが結婚をしていない以上、Ｑさんは、仮にＲ君の血のつながった父だとしても、Ｒ君を認知して法律上の父とならない限り、Ｒ君を扶養する義務を負いませんし、Ｒ君の養育費を支払う義務も負わないことになります。

Q40● 法律上の父子関係にない父からの援助

ＥさんがＱさんに対してＲ君の認知を求めたところ、Ｑさんは、認知はしないけれども、毎月２万円ずつをＲ君の生活費として支払う旨申し出たそうです。

ＥさんがＱさんの申出を受けることについて、何か問題はないでしょ

3　広島家呉支審昭和34・7・28家月11巻10号101頁参照。

4　東京地判昭和54・3・28判タ389号137頁。

うか。

1　回　答

　Ｑさんの申出をＥさんが承諾した場合、贈与契約が成立し、Ｅさんは
Ｑさんに対して贈与契約に基づき毎月２万円の支払いを請求することが
できることになります。このような契約を締結することに法的な問題は
ありません。

　ただし、養育費の請求権を有している場合と、単に贈与契約に基づく
請求権を有しているにすぎない場合とでは、債権者が法的に保護される
度合いが異なり、債権回収の確実性を考えたときには、養育費請求権の
ほうが圧倒的に有利です。

　そのことも踏まえ、Ｅさんは、Ｑさんの申出を受けるか、それとも、
Ｑさんに対してＲ君の認知を求めたうえで養育費を請求するのかを判断
すべきです。

2　解　説

(1)　贈与契約に基づく請求権～書面によらない贈与の解除のリスク

　贈与契約を締結したとしても、贈与契約書等の書面が作成されてい
ない場合には、贈与をした者は、すでに支払いの終わった部分を除いて、
いつでもその贈与契約を解除して、未払分の支払義務を免れることがで

5　必ずしも契約書の体裁であることまでは求められませんが、贈与の目的物と贈
　与の意思が記載されている書面である必要があります。

きます（民法550条）。

　そのため、EさんがQさんと贈与契約を締結したとしても、口頭で約束したのみでは、Eさんは、常に、Qさんから契約を解除され、その権利を失うリスクを抱えることになります。

　ですから、Eさんは、Qさんに対してR君の認知を求めることなく、贈与契約を締結して毎月2万円を受け取る選択をする場合には、必ず贈与契約書を作成し、後日、締結した贈与契約が反故にされるリスクを解消すべきです。

　他方、養育費の支払いを約束した場合、口約束であったとしても、一度約束した以上、一方当事者が後になって他方当事者の意思を無視してこれを反故にすることは許されません。

　もっとも、口約束の場合、支払うと言った言わないの争いになることが予想されますから、いずれにせよ、約束した内容について書面を作成しておくべきでしょう。

(2)　養育費請求権

㋐　第三者からの情報取得手続

　債務者（例：養育費を支払う側、贈与者）が合意した内容に基づいて債務を弁済しない場合、債権者（例：養育費の支払いを受ける側、受贈者）は、裁判所に対して債務者を被告とする債務の弁済を求める訴訟を提起し勝訴判決を得るなどして「債務名義」を取得した後[6]、債務者の財産（不動産、動産、債権）を差し押さえて、その中から債権の回収を図ることになります。

　もっとも、債務者の所有する不動産の所在地、債務者名義の預貯金口

6　当事者間の合意に基づいて養育費の支払いを求める場合、家庭裁判所ではなく、地方裁判所に対して訴えの提起をすることになります（東京高決令和5・5・25判タ1522号118頁）。

座が開設されている金融機関支店名、あるいは債務者の勤務先の情報などによって債務者の財産が特定できなければ、差押えの申立てをすることができません。

　これらの情報がない場合、勝訴判決等を得た債権者は、裁判所を通じて、債務者以外の第三者（市町村、金融機関、日本年金機構等）から債務者の財産に関する情報の提供を求めるための手続である「第三者からの情報取得手続」（民事執行法204条以下）を利用することができます。

　この手続を利用する場合、保有する債権の種類によって、提供を求めることのできる情報の種類が異なります。贈与契約に基づく請求権を保有する場合、不動産、預貯金、上場株式、国債等に関する情報の提供しか求めることができませんが、養育費の請求権を保有している場合には、これらに加えて債務者の給与に関する情報（債務者の勤務先）まで提供を求めることができます（民事執行法206条・151条の２第１項４号）。その結果、養育費の支払いを怠る債務者が以前の職場を辞め、現在の勤務先が不明である場合であっても、給与債権を差し押さえることによって養育費債権を回収できる可能性が高まります。

　　(イ)　債務者の給与債権を差し押さえる場合の特例

　金銭の請求権を保有する債権者が債務者の財産を差し押さえて債権の回収にあてることができるのは、通常、支払期限が過ぎても支払われていない未払分についてのみです。これは、毎月一定額を継続して贈与する内容の贈与契約に基づく請求権の場合であっても同様です。

　ですが、定期的に支払期限が到来する養育費請求権を回収するために、債務者の給与債権など継続的に支払いがされる債権を差し押さえる場合には、過去の未払分だけでなく、将来分の養育費請求権についても差押えが認められます（民事執行法151条の２第１項４号・２項）。そのため、毎月支払われるべき養育費請求権を回収するため、債務者の給与債権を

差し押さえた場合、以降、あらためて別に差押えの申立てをすることなく、債務者の給与の支払期限が到来する都度、その給与の中から養育費を回収することができるようになります。

　また、金銭の請求権を回収するため、債務者の給与債権を差し押さえる場合、債権者が差押えをすることができる範囲は、原則として給与の4分の1に相当する額までです。これは贈与契約に基づく請求権を回収する場合も同様です。

　ですが、養育費請求権を回収するために差押えをする場合、給与の2分の1に相当する額まで差押えをすることができるため（民事執行法152条3項・151条の2第1項4号）、1回あたりに回収をすることができる額が多くなります。

　　㈡　非免責債権

　毎月一定額を贈与する贈与契約が成立し、受贈者（債権者）が贈与契約に基づく請求権を有する場合であっても、贈与者（債務者）が自己破産の申立てをして免責許可を得た場合、その請求権は免責されてしまうので、回収が不能となります。

　他方、養育費請求権は非免責債権に該当し（破産法253条1項4号ニ）、債務者が免責許可を得ても免責されませんので、より債権者が保護されているといえます。

	贈与契約に基づく請求権	養育費請求権
書面によらない場合の解除	贈与の対象物、贈与の意思を表示した書面がない場合、いつでも解除できる	口約束であっても、約束した以上、債務者は債権者の意思を無視して一方的に支払いを止めることはできない
第三者からの情報取得手続の利用	不動産、預貯金、上場株式、国債等に関する情報の提供を求めることができる	左の情報に加えて債務者の給与に関する情報（債務者の勤務先）まで提供を求めることができる
債務者の給与債権を差し押さえる場合	過去の未払い分を回収するためにのみ差押えが認められる	過去の未払い分についてだけでなく、将来分についても差押えが認められる
	原則、給与債権の4分の1に相当する額まで差し押さえることができる	原則、給与債権の2分の1に相当する額まで差し押さえることができる
非免責債権該当性	非免責債権に該当しない	非免責債権に該当する

Q41● 認知調停

　　　Eさんは、やはりQさんに対しR君の認知を求めることにしたのですが、Qさんが応じてくれない、とのことです。

　Qさんに対してR君の認知を求めるため、Eさんがとることができる手続はありますか。

A41

1 回 答

　Eさんは、R君の親権者として、Qさんの住所地を管轄する家庭裁判所に認知調停を申し立て、Qさんに対してR君の認知を求めることができます。

2 解 説

(1) 任意認知

　子の父は、父（届出人）もしくは子（届出事件の本人）の本籍地、あるいは父の所在地、いずれかの市町村に認知届を提出することによって、子を認知することができます（任意認知）（民法779条・781条 1 項、戸籍法60条・25条 1 項）。

(2) 認知調停

(ア) 調停前置主義

　父が任意に認知をしない場合、子やその親権者（法定代理人）である母は、父に対して、認知の訴えを提起できますが（民法787条、人事訴訟法42条 1 項）、この認知の訴えを提起するためには、その前に家庭裁判所での調停手続を経る必要があります（調停前置主義）（家事事件手続法257条 1 項・244条）。

　認知の訴えのような「訴訟」手続では、裁判所が白黒を判断して判決をし、当事者はその意に反する判決であっても、これに従わざるを得ません。これに対し、「調停」は当事者間の話合いによって紛争の解決をめざす手続です。

　認知のような家族間の問題に関しては、一つの紛争が解決した後も家

族という関係が継続するという特徴があります。そこで、その後の人間関係を考えたとき、いきなり裁判所が白黒をつけるよりも、まずは当事者間の話合いで双方が納得できる解決方法を模索するほうが望ましいと考えられるため、調停前置主義がとられています。

(イ)　管　轄

認知調停事件の管轄は、相手方（Qさん）の住所地の家庭裁判所または当事者（EさんとQさん）が合意で定める家庭裁判所と定められています（家事事件手続法245条1項）。

なお、住所地を管轄する家庭裁判所については、裁判所のウェブサイトに掲載されている「管轄区域一覧」等によって確認することができます。

Q42● 認知調停の手続の流れ

EさんがR君の親権者（法定代理人）としてQさんを相手方とする認知調停を申し立てた場合、その手続はどのような流れで行われるのでしょうか。

A42

1　回　答

認知調停では、裁判官1名と民間から選ばれた調停委員2名で構成される調停委員会が、当事者双方の事情や意見を聴いたうえで、双方が納得して問題を解決できるよう、助言やあっせんをします。当事者間で合意に至った場合、家庭裁判所は、必要な事実を調査するなど一定の手続

を経たうえでその合意を正当と認めたときに、合意に相当する審判を行います。

2　解　説

(1)　期日の指定

調停の申立てをする（調停申立書を家庭裁判所に提出する）（①）と、家庭裁判所は、申立人の都合を確認したうえで、初回の期日（両当事者が家庭裁判所で話合いを行う日時）を指定します（②）。

調停期日は平日に開かれます。1回の時間は通常2時間程度ですが、場合によっては3時間～4時間かけてその期日での合意到達をめざすこともあります。時間に余裕をもって日程調整をすることをお勧めします。

(2)　期日における話合いの具体的な進め方

調停期日（③④）では、家庭裁判所の調停委員会（裁判官と男女各1名ずつの調停委員で構成されます）が、当事者それぞれから事情を聴きます。

当事者は、家庭裁判所に出頭すると、別々の待合室に案内されます。

そして、まず、申立て側である母が調停室に呼ばれ、調停委員会に対し、申立てに至った事情（相手方と交際に至った経緯、交際していた当時の関係、任意認知を拒否された経緯等）を説明します。

その間、相手方は別室で待機していて、母が事情を説明し終えると、交代して相手方が調停室に入室し、同様に事情を説明します。これを交互に繰り返し、お互いが納得できる解決をめざしていくことになります。

(3)　DNA鑑定

認知調停では、通常、当事者双方の同意を得たうえでDNA鑑定が実施されます（⑤）。

DNA鑑定の業者は家庭裁判所が手配しますが、その費用は申立て側である母が負担する必要があります。

⑷　調停の終了

　話合いの結果、当事者双方が合意に至り、家庭裁判所による事実の調査（例：DNA検査）の結果、その合意が正当であると認められる場合には、裁判官がその合意に従った審判（合意に相当する審判）（家事事件手続法277条 1 項）をします（⑥）。合意が正当と認められない場合、調停は不成立となります。

　1 回の調停期日で合意に至らなくても、話合いでの解決の可能性が認められる場合には、次回の期日（通常、1 か月〜 2 か月後に設定されます）が決められ、調停が続行されます。他方、話合いでの解決が困難と判断された場合には、調停不成立となり、調停は終了します。

　調停前置主義（**Q41**参照）が採用されているため、調停が不成立となって初めて、申立て側である母は認知の訴えを提起することができるようになります。

⑸　合意に相当する審判後の手続

　合意に相当する審判がされると、家庭裁判所は、当事者双方に審判書を郵送して審判の告知をします。そして、当事者双方が審判書の送達を受けた日の翌日から 2 週間が経過すると審判が確定します（家事事件手続法279条 1 項・ 2 項）（なお、起算日について、同法34条 4 項、民事訴訟法95条 1 項、民法140条）（⑦）。

　合意に相当する審判が確定すると、申立て側である母は、審判の確定の日から10日以内に、審判書、確定証明書（家庭裁判所に交付申請します）等を添えて認知の届出をしなければなりません（戸籍法63条 1 項・31条 1 項）（⑧）。なお、認知の届出は、父もしくは子（届出事件の本人）の本籍地または母（届出人）の住所地の市区町村役場で行います（同法25条 1 項）。

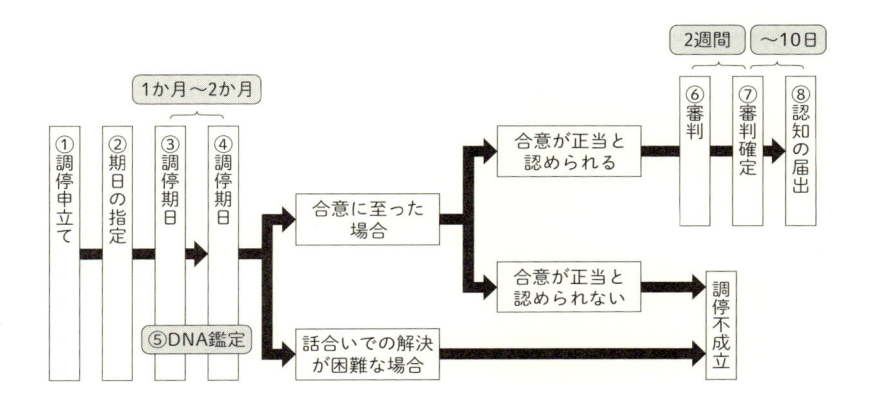

Q43● 認知調停に要する費用

Eさんが認知調停の申立てをする場合、費用はかかるのでしょうか。

A43

認知調停の申立てをするにあたり、手数料として1,200円分の収入印紙を納める必要があります。

加えて、家庭裁判所から各当事者に郵便物を送達する際に使用する郵便切手（「郵券」ともいいます）を納付する必要があります。納めなければならない郵便切手の総額とその内訳は家庭裁判所によって異なりますので、事前に申立てをする家庭裁判所に確認をしてください（家庭裁判所によってはウェブサイト上で案内していますし、ほとんどの裁判所は電話での問合せにも応じてくれます）。

ちなみに、東京家庭裁判所は総額1,240円（内訳：110円×10枚、50円×2枚、10円×4枚）の郵券の予納が必要であるとしていますが（令和6年

10月現在）、手続の内容や進行具合により追加の納付を求められること
もあります。

　また、DNA鑑定が実施される場合、その費用として５万円〜10万円
程度の費用を負担しなければなりません。

　なお、これらの費用について、民事法律扶助（制度のしくみについて、
Q12参照）を利用して弁護士に事件処理を依頼した場合には、弁護士費
用と同様、法テラスによる立替えの対象となります。

　生活保護利用者であるＥさんが認知調停の申立てに要する費用を負担
できるとも思えませんので、費用負担の面でも、民事法律扶助を利用し
て弁護士に事件処理を依頼することをお勧めします。

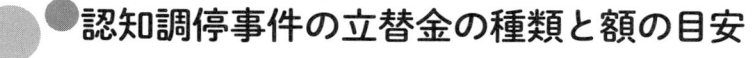 Q44● 民事法律扶助①
●認知調停事件の立替金の種類と額の目安

　Ｅさんは、Ｑさんを相手方とする認知調停の申立てをするにあたり、
民事法律扶助（制度のしくみについて、**Q12**参照）を利用したうえで、そ
の事件処理について弁護士に相談・依頼をしたいと考えているようです。

　Ｅさんが民事法律扶助を利用して認知調停事件の事件処理を弁護士に
依頼した場合、法テラスが受任弁護士に対して立て替えて支払い、その
後、利用者であるＥさんが法テラスに対して返済しなければならない費
用（立替金）について、その種類と額を教えてください。

A44

　民事法律扶助を利用して弁護士に事件処理を依頼した場合の立替金の
種類と額については、「代理援助立替基準」として法テラスのウェブサ

イト上に掲載されています。

　そして、認知調停（家事調停）の申立ての代理については、次のとおり定められています（令和6年1月1日現在）。

実費等（基準額）	着手金（基準額）	報酬金（基準額）	鑑定料
20,000円	88,000円〜132,000円	66,000円〜132,000円（標準額88,000円）	限度額523,808円まで追加して支出

　具体的な金額は、事件の性質や事件処理の困難さ等によって変わりますが、「着手金」[7]は8万8,000円と決定されることが多く、また、調停で合意に至り、その合意に従った審判がされた場合（事件が解決した場合）の「報酬金」[8]は8万8,000円と決定されることが多いようです。

　Eさんが民事法律扶助による援助の申込みをして、仮に実費等2万円、着手金8万8,000円とする援助開始決定がされ、さらに認知調停の中でDNA鑑定が必要となり、その費用が5万円である場合、これらの合計15万8,000円を法テラスが受任弁護士に対して立て替えて支払います。また、事件が解決した結果、報酬が8万8,000円と決定された場合、この額も法テラスが立て替えて支払います。

　この法テラスが立て替えて支払った立替金については、原則として、民事法律扶助の利用者であるEさんが法テラスに対して分割して償還（返済と同じ意味です）する必要があります。

　もっとも、Eさんは生活保護利用者ですので、事件処理が終わるまで

7　「着手金」とは、弁護士に支払われる報酬のうち、弁護士が事件処理に着手する段階で支払われるべきものです。

8　「報酬金」とは、弁護士に支払われる報酬のうち、事件処理終了後、その成果に応じて支払われるべきものです。

は法テラスに対する立替金の償還義務が猶予され[9]、事件処理が終わった時点でもなお生活保護の利用を継続している場合には、償還義務の免除を申請することができます[10]。

　なお、Eさんが認知調停事件の解決後、養育費請求調停の申立てについても民事法律扶助を利用する場合には、必ず償還義務の免除が認められるとは限りませんので、留意が必要です（**Q47**参照）。

9　業務方法書31条1項1号。
10　業務方法書65条1項1号。

事例5-② 養育費請求調停

令和5年1月19日、EさんがX市福祉事務所の窓口を訪ねてきて、応対した井口CWはR君の認知について顛末（てんまつ）の報告を受けた。

報告の内容は、次のようなものであった。

① Eさんは、法テラスの実施している法律相談に行き、そこで法律相談を担当した小宮弁護士に依頼して、Qさんを相手方として認知調停の申立てをした

② 2回の調停期日を経て、QさんがR君の認知をする内容の審判がされた

③ 小宮弁護士に事件処理を依頼するにあたり、民事法律扶助を利用したため、法テラスが小宮弁護士に対して計24万6,000円（内訳：実費等2万円、着手金8万8,000円、DNA鑑定費用5万円、報酬金8万8,000円）を立て替えて支払ったが、Eさんは生活保護を利用しているので、その償還（返済と同じ意味です）義務を猶予されている

Eさんは、認知の審判が確定した後、Qさんから毎月3万円の養育費を支払うとの申出を受け、この申出を受けていいものか、迷っている。

Eさんから「どうしたらいいですか？」と聞かれた井口CWは、「どういう意味？　なんで僕に聞くの？」と返すこともできず、困り果ててしまった。

Q45● 養育費の取決め

　Qさんが提示した「毎月3万円」という額は、R君の養育費として妥当な額なのでしょうか。

　また、Eさんが養育費についてQさんと話合いをする場合、養育費の額のほかに、どのようなことを決める必要がありますか。

A45

1　回　答

　R君を扶養する義務を負うEさんとQさんは、双方がその経済力に応じてR君の養育費を分担する必要があります。仮にQさんの額面の給与所得が400万円である場合、Eさんが生活保護利用者であることを踏まえると、一般的には、4万円〜6万円の範囲内で養育費の月額を決めるのが妥当だと考えられます。

　また、養育費について話合いをする場合、養育費の額のほか、①養育費の終期（いつまで養育費を支払うのか）、②支払日、③支払方法については、少なくとも決めておくべきです。

2　解　説

(1)　養育費の額の目安

　養育費の額は、令和元年12月23日に公表された「改定標準算定表（令和元年版）」（以下、「算定表」といいます）を基準として定められることが一般的です。この算定表は、家庭裁判所のウェブサイト上で公開されていて、誰でも見ることができます。

　まず、子の人数（1人～3人）と子の年齢（0歳～14歳と15歳以上の2区分）に応じて九つある養育費の算定表の中から、条件にあてはまるものを選択します。Eさんの場合、子がR君一人で、かつ、0歳ですから、「（表1）養育費・子1人表（子0～14歳）」の算定表を用います。

　この算定表の見方ですが、縦軸が義務者（養育費を支払う側）の年収、横軸が権利者（養育費の支払いを受ける側）

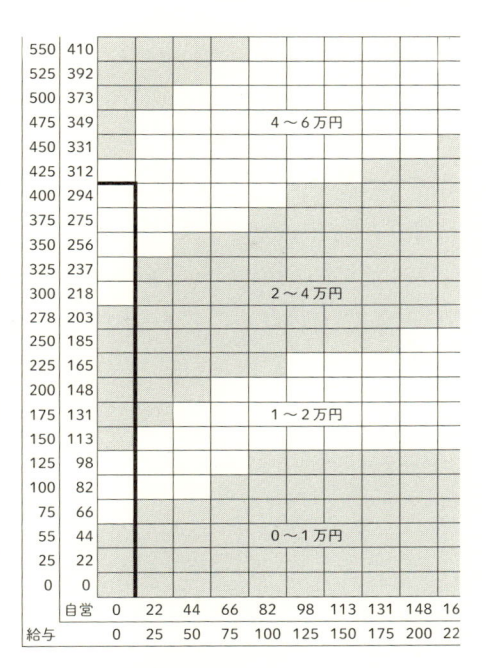

の年収で、給与所得者の場合と自営業者の場合とがそれぞれ示されています。なお、ここでいう年収とは、給与所得者の場合は前年度の源泉徴収票の「支払金額」（手取りではなく、いわゆる額面の年収）、自営業者の場合は前年の確定申告書の「課税される所得金額」です。なお、権利者が生活保護利用者の場合、その年収には受給している生活保護費は含めないで算定します。[11]　また、児童手当、児童扶養手当も年収には含めません。[12]

　そして、義務者の年収を縦軸で探して、そこから横方向に線を延ばし

11　松本哲弘『婚姻費用・養育費の算定――裁判官の視点にみる算定の実務〔改訂版〕』（新日本法規出版、2018年）99頁以下、名古屋高決平成3・12・15家月44巻11号78頁。

12　松本・前掲（注11）101頁以下、東京家審平成27・6・17判タ1424号346頁。

て、権利者の年収を横軸で探して、そこから上に線を延ばし、この二つの線が交差する欄の額が、養育費の標準的な月額となります。

　仮に義務者であるＱさんの額面の給与所得が400万円である場合、権利者であるＥさんの年収は０円ですから、４万円～６万円の範囲内で養育費の月額を決めることになります。

(2)　養育費の額のほかに決めておくべき事項

　養育費の額のほかに、①終期（いつまで養育費を支払うのか）、②支払日、③支払方法については、少なくとも決めておくべきです。

(ア)　終期（いつまで養育費を支払うのか）

　親は、独立して生活を営むに足る能力を具備しない子ども（未成熟子）について、養育費を負担する義務を負うと考えられていることから、子が未成熟子ではなくなる時期が養育費の支払義務の終期となり、具体的な時期は、個別の事案に応じて判断されます。[13]　成年（18歳）前であっても、就職しているなどの事情がある場合には、未成熟子とはいえず、親の養育費負担義務はなくなるか軽減されますし、他方で、成年した後であっても、４年制大学に進学している場合や病弱で働けない場合には、親の養育費負担義務が認められることがあります。[14]

　そのため、養育費の支払いの終期については、親の資力、学歴や職業、社会的地位などを踏まえ、「子が18歳になる日の属する月まで」「子が高校を卒業する年の３月まで」「子が20歳になる日の属する月まで」あるいは「子が４年制大学を卒業する年の３月まで」というように決められます。

13　裁判所「平成30年度司法研究（養育費、婚姻費用の算定に関する実証的研究）概要」7 (3)。

14　冨永忠祐編『子の監護をめぐる法律実務〔改訂版〕』(新日本法規出版、2014年) 170頁以下。

　なお、子が未成熟子ではなくなる時期が特定して認定されない事案については、未成熟子ではなくなるのは20歳となる時点とされ、その時点が養育費の終期と判断されることになると考えられています。[15]

　(イ)　支払方法

　支払った支払っていないといった紛争を防ぐため、支払いの記録が確実に残る口座振込みの方法を選択すべきです。なお、振込手数料をいずれが負担するかについては、当事者間に合意がある場合はその合意に従い、特に合意がない場合には義務者（養育費を支払う側）が負担することになります（民法485条）。

　(ウ)　そのほかに必要な事項

　養育費は、子どもが社会的・経済的に自立するまでの長期にわたって継続して支払われるものですから、養育費が支払われている間に、父母子ともに生活の状況が大きく変化することもあり得ます（父母について、失業、転職、不慮の事故、病気、再婚等が、子については、就職、入学、不慮の事故、病気、結婚等が想定されます）。それぞれの生活の状況に大きな変化があった場合の養育費の取扱い（例：養育費の追加負担を求めることできる事由、養育費支払義務が免除される事由や免除される期間等）についてもあらかじめ決めておくと、柔軟な対応が可能となります。

　また、あらためて養育費について協議する必要が生じるかもしれません。常に、お互いの生活状況だけでなく、その連絡先も把握して、速やかに連絡をとることができるような工夫も求められます。

　これら必要な事項を盛り込んだ養育費に関する合意の内容については、Q48の**【書式例③】**を参照してください。

15　裁判所「平成30年度司法研究（養育費、婚姻費用の算定に関する実証的研究）概要」7(3)。

Q46● 養育費請求調停

　Eさんは、R君の養育費についてQさんと話合いを続けているのですが、どうも合意に達するのは難しそうです。

　話合いで養育費が決まらない場合、Eさんはどのような手続をとることができますか。

A 46

1　回　答

　R君を育てている（「監護している」と表現されることもあります）Eさんは、R君の法律上の父であるQさんを相手方として、家庭裁判所に対して、養育費請求調停を申し立てることができます。

　調停期日で協議をしても合意に至らない場合、調停は不成立となりますが、家庭裁判所が一定の結論（審判）を出してくれます。

2　解　説

(1)　養育費請求調停およびその後の審判

　養育費について、当事者間で協議をしても協議が調わないまたは協議をすることができないときには、家庭裁判所がこれを定めるとされています（民法878条・879条）。

　具体的には、家庭裁判所に養育費請求調停の申立てをして、調停委員会（裁判官と男女各1名ずつの調停委員で構成されます）を交えて当事者間で話合いをし（調停期日における話合いの具体的な進め方については認知調停（**Q42**参照）と同様です）、合意に達すれば調停成立となります。他

方、双方の意見の食い違いを解消できなかったり、義務者（養育費を支払う側）が調停期日に出頭しない場合、調停は不成立となりますが、自動的に審判手続が開始されます（家事事件手続法272条4項）。審判手続では、義務者（養育費を支払う側）と権利者（養育費の支払いを受ける側）双方の収入や、実際に子どもの監護養育に係る費用等の事情を考慮して、裁判官が一定の結論（審判）を出します。

調停手続を経ることなく、いきなり審判の申立てをして家庭裁判所に一定の結論を下すよう求めることも法律上認められてはいますが、審判の申立てをしても、家庭裁判所からまずは調停手続を経るよう求められることがほとんどだと思われます（家事事件手続法274条1項参照）。

(2)　養育費請求調停の管轄

養育費請求調停の管轄は、相手方（Qさん）の住所地の家庭裁判所または当事者（EさんとQさん）が合意で定める家庭裁判所と定められています（家事事件手続法245条1項）。

なお、住所地を管轄する家庭裁判所は、裁判所のウェブサイトに掲載されている「管轄区域一覧」等によって確認することができます。

(3)　養育費請求調停の申立てに要する費用

調停の申立てをするにあたり、手数料として1,200円分の収入印紙を納める必要があります。

加えて、家庭裁判所から各当事者に郵便物を送達する際に使用する郵便切手（「郵券」ともいいます）を納付する必要があります。納めなければならない郵便切手の総額とその内訳は家庭裁判所によって異なりますので、事前に申立てをする家庭裁判所に確認をしてください（家庭裁判所によってはウェブサイト上で案内していますし、ほとんどの裁判所は電話での問合せにも応じてくれます）。

なお、東京家庭裁判所は総額1,240円（内訳：110円×10枚、50円×2枚、

10円×4枚）の郵券の予納が必要であるとしていますが（令和6年10月現在）、手続の内容や進行具合（特に審判手続に移行した場合）により追加の納付を求められることもあります。

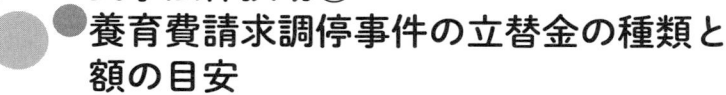

Q47● 民事法律扶助②
● 養育費請求調停事件の立替金の種類と額の目安

　Eさんは、養育費請求調停の事件処理についても、民事法律扶助（制度のしくみについて、**Q12**参照）を利用したうえで、先に認知調停の事件処理を依頼した小宮弁護士に相談・依頼をしたいと考えているようです。

　Eさんが民事法律扶助を利用して養育費請求調停事件の事件処理を小宮弁護士に依頼した場合、法テラスが小宮弁護士に対して立て替えて支払い、その後、利用者であるEさんが法テラスに対して返済しなければならない費用（立替金）について、その種類と額を教えてください。

A47

1　回　答

　立替金の種類は「実費等」および「着手金」です。Eさんの場合、認知調停事件に引き続いて民事法律扶助を利用するため、立替金の額は調整が図られて、「実費等」として1万円、「着手金」として5万円、計6万円になるものと思われます。

　なお、養育費を回収できた場合、別途、受け取った養育費の10％（税別）に相当する額の「報酬金」を負担する必要があるほか、先の認知調

停事件の立替金（計24万6,000円）とあわせて、立替金の償還（返済と同じ意味です）を求められることにも留意が必要です。

2　解　説

(1)　実費等・着手金

民事法律扶助を利用して弁護士に事件処理を依頼した場合の立替金の種類と額については、「代理援助立替基準」として法テラスのウェブサイト上に掲載されています。

そして、養育費請求調停（家事調停）の申立ての代理については、次のとおり定められています（令和6年1月1日現在）。

実費等（基準額）	着手金（基準額）	報酬金（基準額）
20,000円	88,000～132,000円	受け取った養育費の2年分のそれぞれ10%（税別）

もっとも、Eさんのように認知調停事件に引き続いて養育費請求調停事件でも民事法律扶助による援助の申込みをする場合、「代理援助立替基準」がそのまま用いられるのではなく、先に民事法律扶助を利用した認知調停事件の関連事件として実費等・着手金については調整が図られます[16]。具体的には、実費等1万円、着手金5万円とする援助開始決定がされ、これらの合計6万円を法テラスが受任弁護士である小宮弁護士に対して立て替えて支払うことになるものと思われます。

(2)　報酬金と立替金の償還

養育費請求調停が成立するか、もしくは審判がされた結果、報酬金が[17]発生する場合、その額は「代理援助立替基準」に従って定められます。

16　前掲（注7）参照。

　仮に調停が成立してＥさんに支払われる養育費の額が毎月4万円と定められたとすると、養育費の支払いが始まって最初の2年の間は、相手方であるＱさんから受け取った4万円の中から、まず、4,400円が養育費請求調停事件の報酬金として差し引かれ、さらに、その残り3万5,600円が、認知調停事件の立替金24万6,000円と養育費請求調停事件の立替金6万円の計30万6,000円の償還（返済と同じ意味です）にあてられるものと思われます。

　この場合、養育費の支払いが始まった最初の月から数えて8か月目までの月は、支払われた養育費はすべて報酬金と立替金の償還にあてられ、Ｅさんの手元には残りません。9か月目の月は、支払われた養育費4万円から4,400円の報酬金と立替金の残額2万1,200円を差し引いた1万4,400円、10か月目から24か月目までの間の月は、養育費4万円から4,400円の報酬金を差し引いた3万5,600円がそれぞれＥさんの手元に残り、25か月目以降の月になって初めて、Ｑさんから支払われた養育費の全額がＥさんの手元に残ることになります[18]。

　なお、担当ケースワーカーである井口CWは、Ｅさんが受け取る養育費を収入認定する場合、以上の報酬金および立替金の償還のしくみについて理解したうえで、養育費からこれらの額を必要経費として控除した額を収入として認定する必要があります。

(3)　立替金の償還義務の免除申請

　Ｅさんが認知調停事件の事件処理のみについて民事法律扶助を利用す

17　前掲（注8）参照。

18　実際の運用は法テラスの地方事務所によって異なることがあります。また、このような精算の方法は、Ｅさんが生活保護利用者であり、受け取った養育費が収入認定されることを前提するものであって、Ｅさんが生活保護利用者ではない場合には、その生活に配慮して別の方法が選択されることもあります。

	支払いが開始する最初の月〜8か月目の月	9か月目の月	10か月目の月〜24か月目の月	25か月目以降の月
報酬金（養育費請求調停事件）	4,400円	4,400円	4,400円	0円
立替金の償還（認知調停事件）＋（養育費請求調停事件）	35,600円	21,200円	0円	0円
Eさんの手元に残る額	0円	14,400円	35,600円	40,000円

る場合、事件処理終了後、生活保護利用者であるEさんは、法テラスが受任弁護士である小宮弁護士に支払った立替金について、償還義務の免除の申請をすることができます。[19]立替金の償還義務が免除されると、その後にQさんと養育費について協議をし、養育費の支払いが開始された場合、受け取った養育費全額がEさんの手元に残ります。

　ですが、認知調停事件に引き続き養育費請求調停事件の事件処理にも民事法律扶助を利用する場合には、これらが関連事件として取り扱われる結果、**前記(2)**にあるとおりの処理がされ、認知調停事件に関する立替金も含め、償還義務の免除が認められないことがあります。

Q48● 養育費の支払いの確保

　　　　Eさんは、養育費については、弁護士に依頼することなく、自分一人でQさんと話合いをして、結局、R君が20歳になる日の属する月まで毎月4万円を支払ってもらうことになったそうです。

19　業務方法書65条1項1号。

　Qさんにきちんと養育費を支払ってもらうため、Eさんがしておくべきことはありますか。

1　回　答

　まず、養育費に関する合意を書面にすることは必須です。

　そのうえで、養育費は、子どもが社会的・経済的に自立するまでの長期にわたって継続して支払われるものであるため、滞納の問題が生じやすいという特徴があります。また、その滞納の問題は権利者（養育費の支払いを受ける側）の生活に直結します。

　そのため、Eさんは、あらかじめQさんが養育費の支払いを怠った場合に備えておくべきです。

　具体的には、Qさんが支払いを怠った場合に速やかにQさんの預金債権や給与債権を差し押さえるなどして強制的に取立てを行うこと（強制執行）ができるように、①養育費請求調停の申立てをするか、あるいは、②公証役場で強制執行認諾文言付き公正証書を作成しておくことが考えられます。

　なお、①と②の方法を比較したとき、履行勧告の申出ができること、費用面でも割安なことを踏まえると、①の方法がお勧めです。

2　解　説

(1)　書面作成の重要性

　養育費支払いの合意は、口約束であっても有効ではありますが、後日、支払うと言った言わないの争いとなった場合、合意の存在を証明するこ

とは困難です。ですから、最低限、約束した内容について書面を作成しておくべきです。

(2) 養育費の滞納に備える①養育費請求調停の申立て

(ア) 履行勧告

家庭裁判所に養育費請求調停の申立てをして、調停成立もしくは審判によって養育費が定められた場合、債権者（養育費の支払いを受ける側）は、債務者（養育費を支払う側）が定められた養育費を支払わない場合、調停が係属していた（もしくは審判をした）家庭裁判所に、義務者に対して養育費の支払（義務の履行）を勧告するよう申し出ることができます（家事事件手続法289条1項）（なお、離婚訴訟により養育費が定められた場合の履行勧告については、人事訴訟法38条1項）。

この履行勧告は、あくまで家庭裁判所が義務者に対して任意の履行を促すものにすぎませんが、家庭裁判所からの勧告を受けることによって、養育費の支払いが再開されることも少なくありません。何より費用はかかりませんし、申出を電話で受け付けてくれる家庭裁判所もありますので、とりあえず試してみる価値はあるかと思います。

(イ) 強制執行

調停成立ないし審判によって養育費が定められると、債務者（養育費を支払う側）が養育費の支払いを怠った場合、債権者（養育費の支払いを受ける側）は、債務者の財産を差し押さえて、その財産の中から養育費債権の回収を図ることができます（差押えについて、**Q28**参照）。

(ウ) 養育費請求調停の申立てに要する費用

養育費請求調停の申立てに要する費用については、**Q46**を参照してください。

(3)　養育費の滞納に備える②強制執行認諾文言付き公正証書の作成

(ア)　強制執行

公証役場[20]で公証人に依頼をし、養育費の支払いに関する合意を基に「公正証書」を作成することができます。

この公正証書を作成する際、債務者が金銭の支払いをしないときは直ちに強制執行に服する旨の陳述（強制執行認諾文言）を記載しておくと、債務者が養育費の支払いを怠った場合、訴訟を提起する手間をかけることなく、直ちに債務者の財産を差し押さえて、その財産の中から養育費債権の回収を図ることができます。

なお、強制執行認諾文言付き公正証書の具体的な記載内容については、【書式例③】を参考にしてください。

【書式例③】　養育費給付等契約公正証書

養育費給付等契約公正証書

　本職は、当事者の嘱託により、以下の法律行為に関する陳述の趣旨を録取し、この証書を作成する。

本　　旨

　○○○○（以下「甲」という。）と○○○○（以下「乙」という。）は、甲乙間の長男○○○○（令和○○年○○月○○日生。以下「丙」という。）の監護養育及び面会交流に関する事項（以下「本件」という。）につき、次のとおり合意する。

20　公証役場の所在地・連絡先については、日本公証人連合会のウェブサイトに一覧が掲載されています。

第1条（子の監護養育）

　　甲と乙の間の子である丙（乙の認知日は令和〇〇年〇〇月〇〇日）は、親権者である甲において監護養育する。

第2条（養育費の支払い）

1　乙は、甲に対し、丙の養育費として、令和〇〇年〇〇月から丙が満20歳に達する日の属する月まで、毎月〇〇日限り、1か月当たり金4万円を、下記の金融機関の口座に振り込む方法にて支払う。ただし、振込手数料は乙の負担とする。

記

　　　　金融機関名：〇〇銀行

　　　　店名：〇〇支店

　　　　店番：〇〇〇

　　　　種別・口座番号：普通・〇〇〇〇〇〇〇〇

　　　　口座名義（フリガナ）：〇〇〇〇（〇〇〇〇〇〇〇）

2　乙は、甲に対し、丙の大学等（大学、短期大学、専門学校等を含む）の進学に伴う学費（入学金、授業料、塾代等）、丙の不慮の事故又は病気等に伴う医療費等特別の費用を要する場合には、その一部を負担することとし、その額については甲乙協議にて定めることとする。

3　丙が大学等に進学し、第1項に定めた期間以降も大学等に在籍することとなった場合には、養育費の支払終期について、別途、甲乙協議にて定めることとする。

第3条（養育費支払義務の免除）

1　次の各号に定める事由が生じた場合には、各号に定める事由が発生した月の翌月から同事由が解消した日の属する月までの間、

甲は、第 2 条記載の乙の甲に対する養育費支払義務を免除する。

(1)　甲において丙を監護養育しなくなった場合

(2)　甲が婚姻し、その婚姻相手と丙が養子縁組をしたことにより、乙が養育費を支払う必要がなくなった場合

(3)　丙が、大学等に進学することなく就職し、それにより収入を得るようになった場合

2　乙が、解雇、不慮の事故又は病気等の事情により収入が減少し、養育費の支払いが困難となった場合には、その事由が発生した日の属する月から同事由が解消した日の属する月までの間、甲は、第 2 条記載の乙の甲に対する養育費支払義務を免除することができる。

第 4 条（面会交流）

甲は、乙に対し、乙が毎月 1 回、丙と面会交流することを認める。ただし、面会交流の日時、場所、方法等の必要な事項は、丙の福祉に配慮し、その都度、甲乙において事前に協議して定める。

第 5 条（通知義務）

甲及び乙は、相互に、第 2 条に定める養育費の支払が完了するまでの間、転職、婚姻その他の養育費の算定に関して影響を及ぼすおそれのある事項、自宅の転居や連絡先電話番号の変更などが生じた場合には、遅滞なく相手方に、転職先の名称と所在地、婚姻相手の氏名と婚姻の日、新住所、変更後の電話番号などを書面で通知しなければならない。

第 6 条（清算条項）

甲及び乙は、本件に関し、本証書に定めるほか一切の債権債務がないことを相互に確認する。

第 7 条（強制執行認諾）

乙は、第 2 条第 1 項の金銭債務の履行を遅滞したときは、直ちに強制執行に服する旨陳述した。

以　上

㈽　公正証書の作成に要する費用

　公証人が公正証書の作成をした場合の手数料は公証人手数料令によっ
て定められています。養育費に関する公正証書の場合、最長10年間の間
に受け取ることができる養育費の総額を基準として手数料が定まり（公
証人手数料令9条・11条・13条1項）、そのほか証書の枚数による手数料
の加算があります（同令25条）。なお、毎月4万円の養育費を10年以上
受け取る内容の公正証書を作成する場合、加算のない手数料の額は1万
1,000円となります。

　これに加えて、裁判所に対して強制執行の申立てをするためには、公
正証書を作成した公証役場で、公正証書正本または謄本の送達の申立て
をし、公証人からこれを債務者に対し送達して、送達されたことを証明
する書面（送達証明書）の交付を受けたり、執行文の付与を受けたりす
る必要があります。これらの費用として、おおむね5,000円程度がかか
るものと思われます（詳しくは公証役場に問い合わせてください）。

事例 5 - ③ 家計の管理

　令和 5 年 3 月 7 日、E さんが X 市福祉事務所を訪ねてきた。結局、弁護士に依頼することなく、Q さんとの間で、令和 5 年 3 月以降、毎月末日に 4 万円の養育費を受け取る内容で合意をした、とのことだった。

　報告を受けた井口 CW は、その場で E さんに収入申告書を書いてもらい、受け取った。

＊

　令和 6 年 2 月 9 日、井口 CW が E さんの携帯電話番号に電話をかけたところ、「おかけになった電話はお客様の都合により通話ができなくなっております」とアナウンスが流れてきた。電話料金を滞納してる？　児童養育加算も母子加算もあるのに？　そんなことをあります？

　驚いた井口 CW は、すぐに E さん宅へと向かった。E さんが在宅していたので、事情を尋ねると、R 君が産まれてからどういうわけか家計の管理が難しくなって、公共料金の支払いがたまに遅れるようになった、そのうえ、Q さんから養育費がすでに 2 か月間支払われていないため、携帯電話料金の支払いができなくて通話を止められてしまった、とのことだった。

Q49● ひとり親家庭の家計管理

　　　E さんは、R 君が生まれて以降、家計の管理が難しくなったと感じているようです。いったい何が原因なのでしょうか。

　また、担当ケースワーカーとして、Eさん世帯の家計管理を支援する
にあたり、留意すべきことがありますか。

　なお、EさんはR君が生まれた後に転居をし、現在、Eさんには住宅
扶助として毎月3万6,000円（X市の二人世帯の住宅扶助の家賃の上限と同
額）が支給されています。

A49

　0歳児（R君）を養育しているEさん世帯の生活扶助には、児童養育
加算（手帳316頁以下、告示別表第1第2章-6）[21]と母子加算（手帳320頁以下、
告示別表第1第2章-8）[22]が加わるため、その経常的な最低生活費（令和
5年度）は次の表のとおりです。

	4月～10月	11月～3月 （12月を除く）	12月
生活扶助			
基準生活費	108,260円	108,260円	108,260円
児童養育加算	10,190円	10,190円	10,190円
母子加算	16,100円	16,100円	16,100円
冬季加算		18,140円	18,140円
期末加算			18,920円
住宅扶助	36,000円	36,000円	36,000円
合計	170,550円	188,690円	207,610円

21　「児童養育加算」とは、18歳に達する日以後の最初の3月31日までの間にある
　「児童」の養育にあたる者について行われる加算です。

22　「母子加算」とは、父母の一方もしくは両方が欠けているかまたはこれに準ずる
　状態にあるため、父母の他方または父母以外の者が「児童」等を養育しなければ
　ならない場合に、当該養育にあたる者について行われる加算です。

　他方で、Eさんは X 市から児童手当[23]と児童扶養手当[24]の給付、また、Qさんから毎月 4 万円の養育費の支払いを受けていますので、これらの給付ないし支払いを受けた額について収入認定がされ、これらの給付ないし支払いをもってしてもなお最低生活費に不足する額が生活保護費として支給されることになります。

　そして、児童手当および児童扶養手当は分割して収入認定される結果（手帳387頁、局長通知第 8 - 1 (4)ア）[25]、Eさんの令和 5 年度の収入の額およびそれぞれの支給日は次の表のとおりとなります（なお、毎月末日に支払われる養育費については、計算の便宜上、支給日を翌月 1 日としています）。

23　「児童手当」とは、児童手当法に基づき、中学校修了前（15歳到達後最初の 3 月31日まで）の日本国内に住民登録がある児童を養育している者に対して、市町村長が支給する手当です。原則として、毎年 2 月・ 6 月・10月の各11日に、それぞれの前月までの分が支払われます（令和 6 年 9 月分以前）。なお、制度改正により、令和 6 年10月分以降は、高校生年代も支給対象となるほか、支給回数が年 6 月（偶数月）となります。

24　「児童扶養手当」とは、児童扶養手当法に基づき、父または母と生計を同じくしていない「児童」（18歳に達する日以後の最初の 3 月31日までの間にある者または20歳未満で中度以上の障害の状態にある者）を監護している父または母、または父母に代わってその「児童」を養育している者に対して、市町村長が支給する手当です。原則として、奇数月の各15日に、それぞれの前月までの分が支払われます。

25　たとえば、 6 月11日（ 2 月分～ 5 月分）に児童手当の支給があった場合、その全額が 6 月に収入認定されるのではなく、 2 月分が 6 月に、 3 月分が 7 月に、 4 月分が 8 月に、 5 月分が 9 月にそれぞれ収入認定されます。

	4月 1日	4月 11日	4月 15日	5月 1日	5月 11日	5月 15日	6月 1日	6月 11日	6月 15日
児童手当									60,000
児童扶養手当					88,280				
養育費	40,000			40,000			40,000		
生活保護	71,410			71,410			71,410		
合計（月額）			111,410円			199,690円			171,410円

※4月11〜15日：この間、生活費が不足しがち

	7月 1日	7月 11日	7月 15日	8月 1日	8月 11日	8月 15日	9月 1日	9月 11日	9月 15日
児童手当									
児童扶養手当		88,280						88,280	
養育費	40,000			40,000			40,000		
生活保護	71,410			71,410			71,410		
合計（月額）			199,690円			111,410円			199,690円

※8月：この間、生活費が不足しがち

	10月 1日	10月 11日	10月 15日	11月 1日	11月 11日	11月 15日	12月 1日	12月 11日	12月 15日
児童手当			60,000						
児童扶養手当					88,280				
養育費	40,000			40,000			40,000		
生活保護	71,410				89,550		108,470		
合計（月額）			171,410円			217,830円			148,470円

※12月：この間、生活費が不足しがち

	1月 1日	1月 11日	1月 15日	2月 1日	2月 11日	2月 15日	3月 1日	3月 11日	3月 15日
児童手当						60,000			
児童扶養手当		88,280						88,280	
養育費	40,000			40,000			40,000		
生活保護	89,550			89,550			89,550		
合計（月額）			217,830円			189,550円			217,830円

　これをみると明らかなとおり、Eさん世帯は、児童手当も児童扶養手当も支給されない4月・8月・12月には、最低生活費を5万9,140円下回る収入しか得ることができないうえ、各月の2日以降翌月1日までの間、収入がありません。ですから、4月・8月・12月は生活費が不足しがちになります。

　その一方、4月・8月・12月を除いて、最低生活費を860円〜2万

159

9,140円上回る収入を得ますが、この上回った額はよほど意識しない限り、すぐに生活費として費消されかねないものです。

　以上を踏まえて、井口CWには、担当ケースワーカーとして、Eさん世帯の収支の状況を定期的に確認し、場合によっては家計収支表を作成するなど、適切な支援をすることが求められます。

Q50 養育費の管理

　　　　　Eさん世帯のように養育費の支払いを受けているひとり親家庭を担当する場合、留意すべきことがありますか。

A50

　福祉事務所は、いったん養育費について収入申告を受け付けると、その後、確実に養育費の支払いを受けたか否かを確認することなく、毎月収入認定しているのが実情だと思われます。

　その一方、生活保護利用者は、定められた養育費の支払いを受けることができなかった場合、生活保護法61条に基づき、その旨を保護の実施機関に届け出る必要がありますが、収入があった場合ではなく、得られるべき収入が得られなかったときにもこの届出義務があることを十分に認識していない生活保護利用者が少なくないように思います。養育費の支払いを受けている場合、数日、数週間、1か月と支払期限を遅れながらも、その一部だけ支払いがされたり、しばらくして滞納分がまとめて支払われたり、そんなことを繰り返しているうちに、数か月分の養育費が未払いの状況のまま、届出をすることもなく、最低生活費を下回る生活を余儀なくされているケースも十分想定されます。

　養育費の支払いを受けていないことが発覚した月からその前々月分までについては、支払いを受けることができなかった養育費の額に相当する額の生活保護費をさかのぼって支給することができますが（問答集第1編問13-2(a)）、その期限を過ぎてしまうと、遡及支給もできません。

　ですから、養育費の支払いを受けている世帯を担当するケースワーカーには、たとえば、1か月を超えて養育費の支払いがない場合には、必ずその旨を届け出るよう念押しして助言するなど、生活保護利用者が最低生活費を確実に得られることができるよう、適切な対応が求められます。

第6章

生活保護利用世帯と未成年後見

事例6　未成年後見

　Ｆさん（70歳、女性）は、無職無収入であり、令和５年現在、Ｘ市（３級地-１）内の賃貸住宅（賃料３万円、Ｘ市の一人世帯の住宅扶助の家賃の上限と同額）で単身、生活保護を利用して生活している。担当ケースワーカーは、井口CWである。

　Ｆさんには、５年前に亡くなった夫との間に二人の子がおり、長男のＴさん（45歳）は県外で生活しているが、長女のＯさん（40歳）は同じＸ市内の借家で一人息子のＭ君（平成22年10月１日生まれ、13歳）と暮らしている。

　Ｏさんは、25歳のときに結婚し、当時の夫との間にＭ君を授かったが、30歳のときに離婚してＭ君を引き取り、以降、シングルマザーとしてＭ君を育ててきた。なお、離婚後、元夫とは音信不通であり、養育費を受け取ったことはない。

　Ｆさんは、働きながらＭ君を育てるＯさんを助けたいとの思いから、週に２回〜３回はＯさん宅へ行き食事をつくったり、残業でＯさんの帰宅が遅くなるときにはＭ君を預かったりしていたので、Ｍ君は祖母であるＦさんにもよく懐いていた。

　令和５年12月４日、Ｏさんが突然、40歳の若さで亡くなった。死因は急性心不全であった。

　Ｆさんは、同日、とりあえずＭ君を自宅に連れて帰り、その後の数日間、Ｍ君といっしょに生活をする中で、Ｏさんの忘れ形見であるＭ君を引き取って育てようと決心した。

　そして、Ｆさんは、Ｍ君のことを井口CWに報告するため、同月11日、Ｘ市福祉事務所の窓口を訪れた。

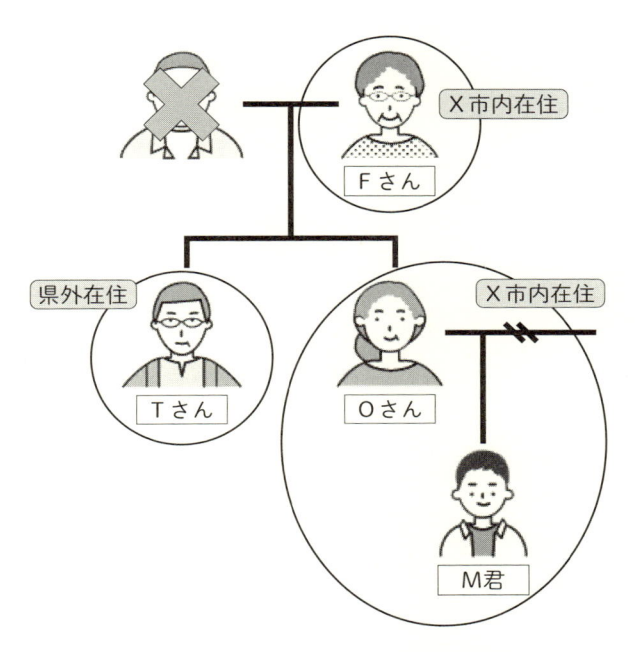

　井口CWは、Fさんの口からOさんの訃報を聞き、声を失った。Oさんとは面識があったし、仕事に子育てにと奮闘するOさんのことを、Fさんからよく聞かされていたからだ。Fさんによると、長男のTさんがX市に来て、Oさんの葬儀を執り行うとともに、Oさんが借りていた借家の引払いもすでに終えた、とのことだった。続けてM君のことを尋ねると、Oさんが亡くなった日からFさん宅で生活しているという。これを聞いた井口CWは、令和5月12月4日付けでM君についてもFさん世帯の世帯員として生活保護を適用するための手続をとることにした。

　その後、井口CWが、M君の収入・資産について調査をした結果、

1　Oさんの賃借人としての地位の相続等を考えなければならない場面であり、Oさんの相続人ではないTさんによる対応に法的な問題がないわけではありません。

　M君がOさんの遺族として遺族厚生年金を受給できることがわかった（厚生年金保険法58条・59条）。

　M君に遺族厚生年金の請求をしてもらう必要があるな、ところで、M君の親権者は誰だろう？　そう考えた井口CWは、M君の戸籍を見て、Oさんが離婚した際、OさんをM君の親権者と定めていたことを確認した。Oさんが亡くなると、Oさんの別れた夫が親権者になるのか？　それとも、今現在、M君の親権者はいない……ことになるのか？　親権者がいないとなると、M君が一人で遺族厚生年金の請求をできるのだろうか？　井口CWは途方に暮れてしまった。

Q51● 未成年者の行為能力

　M君は未成年者ですが、そもそも論として、親権者の有無にかかわらず、M君が一人で遺族厚生年金の請求をすることはできないのでしょうか。

2　遺族厚生年金の受給要件・対象者・年金額については、日本年金機構のウェブサイトに詳しい記載があります。

3　未成年者である子の親権者は父母であり（民法818条1項）、父母が離婚するときは、その一方が親権者となります（同法819条1項・2項）。父母いずれが親権者と定められたかについては、子の戸籍の「身分事項」「親権者」の欄で確認することができます。

4　「未成年者」とは、民法4条が規定する「成年」（年齢18歳）に達していない人のことをいいます。

1 回 答

　未成年者のM君が一人で遺族厚生年金を請求することはできません。

　未成年者は、民法上、法定代理人の同意がなければ「法律行為」をすることができない、とされているところ、日本年金機構が、遺族厚生年金の請求は「法律行為」であり、未成年者が一人で行う遺族厚生年金の請求は適法な請求ではない、と解釈しているためです。

2 解 説

(1) 未成年者の行為能力制限と未成年者取消権

　一般的に、未成年者は、成年者と異なり、自分がした行為の結果（メリットとデメリット）を判断するに足りるだけの能力（意思能力）が十分ではないと考えられています。そのため、民法は、未成年者を保護するため、原則として、「未成年者が法律行為をするには、その法定代理人の同意を得なければならない」と規定し（同法5条1項）、未成年者の行為能力（自分一人で有効な法律行為をする能力）を制限する一方で、未成年者本人あるいはその法定代理人に対し、未成年者がその法定代理人の同意を得ることなく行った法律行為を取り消す権利（未成年者取消権）を認めています（同条2項）。

　その結果、たとえば、未成年者は、法定代理人の同意を得ることなく、自分の支払能力を超える高額な商品を購入してしまったとしても、後日、その売買契約を取り消すことによって、売買代金の支払義務を免れることができます。

　このことは、取引の相手方の立場からみると、未成年者と取引をした

場合、せっかく成立した取引がいつ取り消されるかわからない、非常に不安定な立場に置かれることを意味します。ですから、取引の相手方は、このような事態を避けるため、未成年者と取引を行おうとするときは、未成年者に対し、法定代理人の同意を得るか、もしくは、法定代理人が未成年者を代理して取引を行うよう求めることになります。

(2)　「法律行為」

　民法は、原則として、未成年者が「法律行為」をするには、その法定代理人の同意を得なければならない、と規定していますが（同法 5 条 1 項）、ここでいう「法律行為」は、民法第 1 編第 5 章の規定する「法律行為」、すなわち、売買・賃貸などのように、行為者が一定の法的効果を生じさせようとして行為をし、その欲したとおりの効果が生じる行為[5]にとどまらず、債務承認のような「準法律行為[6]」も含む、より広いものとして理解されています[7]。

　遺族厚生年金については、遺族厚生年金の受給権者である遺族（厚生年金保険法58条・59条）にあたる場合であっても、自動的に遺族厚生年金が支給されるわけではなく、遺族厚生年金の支給を受けるためには、日本年金機構（窓口は最寄りの年金事務所）に対して年金請求書を提出し、年金受給権が確かに存在することの確認（裁定）を請求しなければなりません（同法33条）。そして、この裁定を請求する行為について、厳密には民法第 1 編第 5 章の規定する「法律行為」には該当しないと思われますが、日本年金機構は、民法 5 条 1 項の「法律行為」に該当すると理

5　我妻榮ほか『我妻・有泉コンメンタール民法——総則・物権・債権〔第 8 版〕』（日本評論社、2022年）182頁。

6　債務承認の場合、その結果、時効の更新という法的効果が発生しますが（民法152条）、このように行為者の意思の内容とそこから生じる法的効果の内容が一致しないものは「準法律行為」として、「法律行為」とは区別されます。

7　我妻ほか・前掲（注 5 ）44頁。

解し、未成年者が法定代理人の同意を得ることなくできないものとして
対応をしています。

Q52● 両親の離婚後の親権者の死亡

M君の両親は離婚し、離婚時にM君の親権者に指定されたO
さんが死亡しました。[8]

この場合、離婚時にM君の親権者に指定されなかったOさんの元夫
（M君の父親）がM君の親権者になるのですか。それとも、別の誰かがM
君の法定代理人を務めることになるのでしょうか。

A52

1　回　答

Oさんが死亡しても、そのことによって自動的にOさんの元夫（M君
の父親）がM君の親権者になるわけではありません。

この場合、M君の親族等による申立てに基づいて、家庭裁判所がM君
の「未成年後見人」を選任し、この未成年後見人がM君の法定代理人を
務めることになります。

2　解　説

(1)　未成年後見人の選任

離婚して、親権者となった一方の親が死亡した場合、離婚時に親権者

8　前掲（注3）参照。

とならなかったもう一方の親が自動的に親権者となる、といった誤解をする人もいますが、そのようなことを認める規定はありません。この場合、子の親権者はいなくなります。

　そして、親権者の死亡等のため未成年者の親権者も未成年後見人もいない場合、家庭裁判所が、未成年者の親族等の申立てにより、未成年後見人を選任し（民法840条1項）、選任された未成年後見人が、未成年者の法定代理人として、未成年者の監護養育、財産管理、契約等の法律行為（**Q51**参照）などを行うことになります。

(2)　保護の実施機関による請求

　保護の実施機関は、生活保護の適用される未成年者に親権者も未成年後見人もいない場合、速やかに未成年後見人の選任を家庭裁判所に請求しなければならない、とされています（生活保護法81条）。

Q53● 未成年後見人の業務

　　　　　M君の未成年後見人を選任しなければならないとしても、M君の親族の中には祖母であるFさんしか未成年後見人を引き受けてくれそうな候補者がいません。その一方で、Fさんには、自分がM君の未成年後見人に選任されたとして、はたしてその業務を行うことができるのか、不安があるようです。

　仮にFさんがM君（平成22年10月1日生まれ、13歳）の未成年後見人に選任された場合、Fさんは、未成年後見人として、どのような業務を行う必要があるのでしょうか。

A53

1　回　答

　未成年後見人は、未成年者の法定代理人として、未成年者の身上監護（民法857条・820条・821条）[9]と財産管理（同法859条）を行います。

　Ｆさんはすでに M 君と同居し、事実上、M 君の監護教育をしていると思われますが、M 君の未成年後見人に選任された場合、監護教育に加えて、次のような業務を行う必要があります。

　なお、業務を行ううえでの具体的な事務手続等は、家庭裁判所ごとに異なります。詳しくは、家庭裁判所が作成・配布している「未成年後見人ハンドブック」等の冊子を参照するほか、不明な点については、都度、家庭裁判所に問合せをすることをお勧めします。

2　解　説

⑴　未成年後見人への就任～業務の始期

　家庭裁判所は、Ｆさんを未成年後見人に選任した後、Ｆさん宛てに未成年後見人選任の審判書の謄本を郵送します（家事事件手続法74条1項）。Ｆさんは、この審判書の謄本を受け取った日から未成年後見人として業務を行うことになります[10]（①）。

9　未成年後見人には、親権者と同じように、未成年者の人格を尊重するとともに、その年齢および発達の程度に配慮しながら、未成年者の利益のために未成年者の監護および教育をする権利義務があります。

10　未成年後見人を選任する審判に対しては即時抗告ができないので（家事事件手続法179条1項参照）、審判は、その内容を告知する審判書が到達した時に効力を生じて確定します（同法74条2項）。

(2)　初回の報告

Ｆさんは、未成年後見人選任の審判書の謄本を受け取ってから１か月以内に、Ｍ君（未成年者）の財産を調査したうえで、Ｍ君の財産の内容を整理してまとめた「財産目録」とＭ君の毎月の収支の予定をまとめた「収支予定表」を作成し、家庭裁判所に提出する必要があります（②）。

(3)　未成年者の財産の管理

Ｍ君（未成年者）が相続した預貯金や受け取る遺族厚生年金は、Ｍ君本人の財産であることが明らかになるよう、Ｍ君本人名義もしくは「Ｍ（未成年者の氏名）未成年後見人Ｆ（未成年後見人の氏名）」名義の預貯金口座で管理します。

Ｍ君の財産を現金で管理する場合、収入支出については金銭出納帳にきちんと記録として残しておく必要があります。特に10万円を超えるような高額な臨時の支出については、領収証を保管し、家庭裁判所への定期報告時にその写しを提出しなければなりません。

なお、定期的な収入支出については、できる限りＭ君本人名義等の預貯金口座から自動入金もしくは自動引落しとなるよう手続をしておくと、振込み等の手間が省けるほか、預貯金通帳に記入された取引履歴を金銭出納帳代わりに利用できるようため、便宜です。

(4)　未成年者のために契約等の法律行為を行う

Ｍ君（未成年者）は自分一人では有効に契約等の「法律行為」（**Q51**参照）を行うことができません。未成年後見人であるＦさんが、Ｍ君のする「法律行為」に同意を与える、あるいは、Ｍ君の法定代理人として自らＭ君のために「法律行為」を行います。

まずは、未成年後見人就任後速やかに、Ｍ君の法定代理人として、日本年金機構に対し、遺族厚生年金の裁定請求（厚生年金保険法33条）を行うべきでしょう。

　なお、M君の本籍地の市区町村役場で交付を受けることができるM君の戸籍の「身分事項」の欄には、FさんがM君の未成年後見人であることが記載されています。取引の相手方にFさんがM君の未成年後見人であることの証明を求められた場合には、M君の戸籍を提示してください。

(5)　年1回の定期報告

　年1回、未成年者の誕生日の属する月に、その前の月の末日時点までの未成年者の生活状況、財産の管理状況、収支等について定期報告をする必要があります（③④）。

　Fさんの事例の場合、M君の誕生日が10月1日ですから、毎年、9月30日時点の状況について、10月1日から同月31日までの間に報告することになります。

　なお、通常、この報告と併せて、家庭裁判所に対し、報告の対象となる期間（1回目の定期報告の場合は未成年後見人選任時から最初の未成年者の誕生日の属する月の前の月の末日まで）の未成年後見人業務に対する報酬の付与を申し立てます（❸④）。報酬が不要である場合、報酬付与の申立てをする必要はありません。

(6)　未成年後見業務の終了

(ア)　未成年後見人が辞任した場合

　未成年後見人は、正当な事由がある場合に、家庭裁判所の許可を得たうえでなければ、辞任することができません（民法844条）（⑤）。

　ここでいう「正当な事由がある場合」の例には、未成年後見人が遠隔地に転居する場合、未成年後見人の老齢や疾病等があたると考えられています。[11]

11　裁判所職員総合研修所監『家事事件手続法下における書記官事務の運用に関する実証的研究――別表第一事件を中心に』（司法協会、2017年）489頁。

　未成年後見人を辞任した場合、辞任した未成年後見人は、自らが管理する未成年者の財産を、新しく選任された未成年後見人に引き継ぐ必要があります（⑥）。

(イ)　未成年者が養子縁組をした場合

　未成年者が養子縁組をした場合、養親が未成年者の親権者としてその財産を管理することになるため（民法818条2項）、未成年後見人の業務は終了します（⑤）。

　業務が終了すると、未成年後見人は、未成年者の本籍地または未成年後見人の住所地の市区町村役場の窓口に後見終了届を提出しなければなりません（戸籍法84条・25条1項）。また、自ら管理する未成年者の財産を養親に引き継ぐ必要があります（⑥）。

(ウ)　未成年者が成人した場合

　未成年者が成人した場合、本人が単独で有効な法律行為を行うことができるようになるため、未成年後見人の業務は終了します（⑤）。

　Fさんの事例の場合、平成22年10月1日生まれのM君は、令和10年9月30日の終了によって、つまり10月1日から成人となり、Fさんの未成年後見人としての業務も終了します。

　業務が終了すると、未成年後見人は、未成年者の本籍地または未成年後見人の住所地の市区町村役場の窓口に後見終了届を提出しなければなりません（戸籍法84条・25条1項）。また、自ら管理する未成年者の財産を未成年本人に引き継ぐ必要があります（⑥）。

12　未成年者を養子とするには、原則として、家庭裁判所の許可が必要です（民法798条）。

13　年齢は、年齢計算ニ関スル法律により、出生の日から起算して暦に従って計算します。

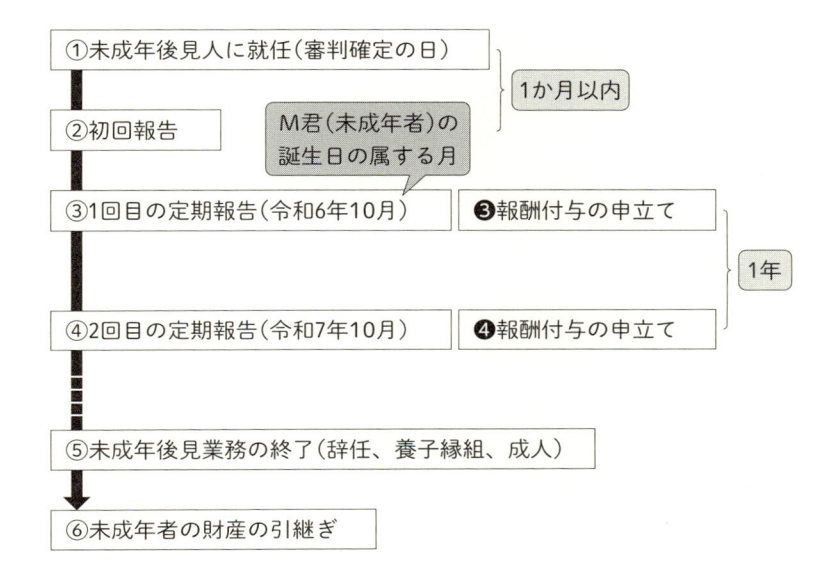

Q54● 未成年後見人の欠格事由

　Fさんに未成年後見人の業務について説明をしたところ、Fさんは、M君の未成年後見人候補者となることについて、了承してくれました。

　ところで、Fさんは生活保護を利用しています。Fさんのように生活保護利用者であっても、未成年後見人になることができるのでしょうか。

A 54

1　回　答

　生活保護利用中であることは、未成年後見人の欠格事由にはあたりま

せん。ですから、生活保護を利用しているＦさんがＭ君の未成年後見人
に選任されることもあり得ます。

　もっとも、Ｆさんが生活保護を利用しており、かつ、未成年者である
Ｍ君と同一世帯であることから、仮にＦさんがＭ君の未成年後見人に選
任された場合、利益相反の問題には特に留意する必要があります（詳し
くは、**Q55**参照）。

2　解　説

(1)　未成年後見人の欠格事由

　民法には、未成年後見人になるために何か資格が必要であるとか、そ
のようなことを定めた規定は存在しません。したがって、未成年後見人
になるために弁護士資格等の資格は必要ない、と解釈することになりま
す。

　その一方で、民法847条は、①未成年者、②過去に後見人等を務めた
際、不正な行為等を理由に、家庭裁判所から解任されたことがある者、
③破産者、④被後見人（未成年後見人の場合は、未成年者）に対して訴訟
をし、または訴訟をした者並びにその配偶者および直系血族、⑤行方の
知れない者は、後見人（未成年後見人のみならず、成年後見人を含みます）
になることができないとして、その欠格事由を規定しています。この欠
格事由の中に、生活保護利用者はあげられていません。ですから、①〜
⑤の欠格事由のいずれにも該当しない場合には、生活保護利用者であっ
ても、未成年後見人に選任されることはあり得ます。

(2)　未成年後見人の選任

　家庭裁判所は、未成年後見人の選任にあたって、未成年者の年齢、心
身の状態、生活状況および財産状況、未成年後見人候補者の職業および
経歴、未成年後見人候補者と未成年者との利害関係の有無、未成年者の

意見等を踏まえ、総合的に判断し、未成年後見人を決定します（民法840条3項）。そのため、未成年後見人となることを希望する者が必ず選任されるとは限りません。

また、家庭裁判所がいったん未成年後見人を選任すると、その人選に対し、不服を申し立てることはできません。[14]

Q55● 未成年後見人と未成年者の利害の調整

　現在、FさんとM君の二人世帯として世帯主のFさんに生活保護費が支給されていますが、M君が遺族厚生年金を請求し、その支給を受けるようになると、支給を受けた遺族厚生年金と同額が収入認定される結果、Fさんに支給される生活保護費が減額されます。

他方で、FさんがM君の未成年後見人となった場合、M君（未成年者）の財産とFさん（未成年後見人）の財産とは明確に区別して取り扱う必要がある、と聞きました（Q53参照）。

FさんとM君が同一世帯であり、かつ、生活保護利用世帯であるという事情を踏まえたとき、M君の未成年後見人選任の申立てを行ううえで留意すべき事項があれば教えてください。

なお、M君に支給される遺族厚生年金の額を事前にシミュレーションした結果、その月額は12万円でした。

14　家事事件では、審判に対しては、特別の定めがある場合に限り、即時抗告をすることができるものとされていますが（家事事件手続法85条1項）、未成年後見人選任の審判に対する即時抗告を認める規定は存在しません（同法179条1項参照）。

A 55

1　回　答

　生活保護法上の世帯単位の原則、補足性の原則が適用される結果、M君が遺族厚生年金の支給を受けるようになった後は、生活保護費とM君に支給される遺族厚生年金によってFさんとM君の二人世帯の最低生活を賄う必要があります。

　その場合、M君（未成年者）に支給された遺族厚生年金の一部が、あたかもFさん（未成年後見人）自身の生活費にあてられる、つまり、FさんとM君との間に利益相反の関係が生じているようにもみえます。

　そのため、Fさんを未成年後見人候補者としてM君の未成年後見人選任の申立てをする場合には、生活保護の運用を踏まえてFさん（未成年後見人候補者）とM君（未成年者）の収支を区別して整理し、家庭裁判所に対して、FさんがM君の未成年後見人に就任したとしても、M君に支給された遺族厚生年金がFさん個人の生活費にあてられることはなく、未成年後見制度上の要請に反する結果とはならない、と具体的に説明できるよう事前に十分な準備をする必要があります。

2　解　説

(1)　Fさん世帯の最低生活費

　生活保護の要否および程度は、原則として世帯を単位として定められます（世帯単位の原則）（生活保護法10条）。

　X市（3級地-1）内の賃貸住宅（賃料3万円、一人世帯の住宅扶助の家賃の上限と同額）で暮らすFさん単身世帯の経常的な最低生活費の月額（令和5年度、冬季加算を含まない）は9万6,640円です。

　このFさん単身世帯にM君（13歳）が世帯員として加わり二人世帯となった場合、児童養育加算（手帳316頁以下、告示別表第1第2章-6）[15]と母子加算（手帳320頁以下、告示別表第1第2章-8）[16]があるため、Fさん二人世帯の経常的な最低生活費の月額（令和5年度、冬季加算を含まない）は16万5,320円となります。

	Fさん単身世帯		Fさん・M君二人世帯
生活扶助 　基準生活 　児童養育加算 　母子加算	66,640円		109,030円 10,190円 16,100円
住宅扶助	30,000円		30,000円
合計	96,640円		165,320円

(2)　Fさん世帯に支給される生活保護費の額

　生活保護は、国民が健康で文化的な最低限度の生活を維持することができない場合に、その不足を補う制度ですから（補足性の原則）（生活保護法4条1項）、保護の実施機関は、支給する生活保護費の額を［最低生活費−収入充当額（収入−控除）＝支給する生活保護費の額］として算定します。

　Fさんは無職無収入ですから、Fさん単身世帯に支給される生活保護費の額（月額）は、最低生活費と同額の9万6,640円です。

　このFさん単身世帯にM君（13歳）が世帯員として加わり二人世帯と

15　「児童養育加算」とは、18歳に達する日以後の最初の3月31日までの間にある「児童」の養育にあたる者について行われる加算です。

16　「母子加算」とは、父母の一方もしくは両方が欠けているかまたはこれに準ずる状態にあるため、父母の他方または父母以外の者が「児童」等を養育しなければならない場合に、当該養育にあたる者について行われる加算です。

なった後、M君に12万円（月額）の遺族厚生年金が支給されるようになると、12万円（月額）全額が収入として認定される結果（手帳387頁、次官通知第8-3⑵ア㋐）、Fさんに支給される生活保護費の額は4万5,320円（月額）となってしまいます。

	Fさん単身世帯	Fさん・M君二人世帯 （遺族厚生年金支給後）
経常的な最低生活費	96,640円	165,320円
収入充当額	0円	遺族厚生年金 120,000円
支給される生活保護費の額	96,640円	45,320円

⑶　M君が負担すべき生活費の取扱い

　Fさんは、単身世帯であったときは、9万6,640円（月額）の生活保護費の支給を受け、健康で文化的な最低限度の生活を送ることができていました。ですが、M君と二人世帯となり、M君に遺族厚生年金が支給されると、4万5,320円（月額）しか生活保護費の支給を受けることができなくなります。家賃3万円を支払うと1万5,320円しか残らないため、とても健康で文化的な最低限度の生活を送ることができないように思われます。

　この点について、確かに、M君（未成年者）本人の財産はM君本人のために使われるべきで、Fさんの財産とは明確に区別して取り扱う必要があります。このことは、FさんがM君の未成年後見人に選任された場合、未成年後見の制度上、特に強く要請されるものです。

　その一方で、M君がFさんと同居し生計を一にしている同一世帯の世帯員である以上、Fさん世帯全体にかかる家賃、食費や光水熱費（いわゆる生活費）の一定割合をM君も負担すべきです。そして、管理の便宜上、M君が毎月負担する生活費を一定額に定めても、その金額が合理的

に算出されたものである限り、それは許容されるべきです。

　以上を踏まえると、仮に、Ｆさん世帯が毎月負担している家賃が3万円、食費がおおよそ5万円、水道光熱費がおおよそ2万円だとして、その合計10万円の4分の3である7万5,000円を、M君が毎月負担する生活費と定めた場合、世帯主であるＦさんは、毎月7万5,000円をM君の財産の中からいったん預かり、これと支給された生活保護費4万5,320円の合計12万0,320円の中から世帯全体の生活費（家賃、食費や水道高熱費の合計約10万円）の支払いをすることになりますが、このような処理は、ＦさんがM君の未成年後見人に選任された場合であっても、未成年後見制度上の要請と整合するものと考えます。

　⑷　ＦさんとM君の収支の整理

　もっとも、**前記⑶**で検討したような処理をする場合、支給された遺族厚生年金を原資としたM君（未成年者）の財産が減る一方、M君から毎月一定額（7万7,500円）を預かるＦさん（未成年後見人候補者）の財産が増える、M君とＦさんとが「利益相反」の関係にあるようにもみえます。

　そして、家庭裁判所は、未成年後見人の選任にあたって、未成年後見人候補者と未成年者との利害関係の有無も考慮して、未成年後見人を決定しますが（民法840条3項）、必ずしも生活保護の運用に関して十分な

17　世帯全体の生活費におけるM君とＦさんそれぞれの負担割合については、各人の使用しているそれぞれの居住スペースの広さ、食事の量、入浴の回数、電気の使用量など生活実態を踏まえて決めることになります。

18　M君が支給を受けた遺族厚生年金を原資にＦさん個人の生活費の不足を補填しているわけではないことに留意が必要です。

19　未成年者とその財産を管理する未成年後見人が利益相反の関係にある場合、未成年後見人が不当に自らの利益を図り、未成年者の財産を減少させる、未成年者の利益が守られない事態も想定されることから、未成年後見人は、未成年後見監督人が選任されている場合を除いて、未成年者のために特別代理人を選任することを家庭裁判所に請求しなければならない、とされています（民法860条・826条）。

理解があるとは限りません。

　そのため、**前記(1)**と**前記(2)**で述べた生活保護の運用を踏まえ、Ｆさんとと M 君の収支をきちんと区別して整理しないまま、Ｆさんを未成年後見人候補者として M 君の未成年後見人選任の申立てをしてしまうと、家庭裁判所が、Ｆさんと M 君とが利益相反の関係にあると判断したうえで、弁護士等の専門職者を未成年後見人に選任する可能性もありますので、留意が必要です。

Q56● 未成年後見人の報酬

　Ｆさんではなく、弁護士等の専門職者が M 君の未成年後見人に選任される可能性があることは理解できました。

　では、仮に M 君の未成年後見人に専門職者が選任された場合、その報酬は誰が負担することになるのでしょうか。また、その報酬額の目安を教えてください。

A56

1　回　答

　未成年後見人の報酬は、未成年者である M 君自身が負担する必要があります。

　具体的には、未成年後見人による報酬付与の申立てを受け、家庭裁判所が報酬額を決定した後、未成年後見人は、未成年者の財産の中から決定された報酬額を直接受け取ります。

　また、専門職者である未成年後見人の報酬額については、月額２万円

が一つの目安になるかと思われます。

2　解　説

(1)　家庭裁判所による報酬額の決定

　未成年後見人の報酬について、家庭裁判所は、未成年後見人および未成年者の資力その他の事情を考慮して、未成年者の財産の中から、相当な報酬を未成年後見人に与えることができる、と規定されています（民法862条）。

　報酬額を決定するにあたり考慮される「その他の事情」には、後見事務の内容や処理状況、未成年者と未成年後見人の関係性が含まれると考えられていますが、未成年後見人と未成年者それぞれの資力も踏まえて判断されることから、未成年者に未成年後見人の報酬を負担するだけの資力がないと判断された場合には、報酬額が0円となることもあり得ます。

　未成年後見人は、年1回、後見事務について家庭裁判所への報告を求められますが、通常、その報告を行う際、報酬の付与についても併せて申立てをし、家庭裁判所の決定を求めます。家庭裁判所が報酬額を決定すると、未成年後見人は、自身が管理する未成年者の財産の中から直接、家庭裁判所が決定した報酬額を受け取ります。

(2)　未成年後見人の報酬額の目安

　未成年後見人の報酬については、その基準額が法律等で決められているわけではなく、裁判官が事案に応じて適正妥当な金額を算定します。

　そして、東京家庭裁判所は、専門職者である成年後見人が通常の後見事務を行った場合の報酬額の目安を「月額2万円」としており[20]、未成

20　東京家庭裁判所＝東京家庭裁判所立川支部「成年後見人等の報酬額のめやす」（平成25年1月1日）。

年後見人の報酬額の目安を考えるうえでも参考になるものと思われます。

Q57● 未成年後見人の報酬助成の制度等

　　　　　仮にM君の未成年後見人に弁護士等の専門職者が選任された
としても、M君は、生活保護を利用しており、未成年後見人の報酬を負
担するだけの資力がありません。

　M君もしくはM君の未成年後見人が利用できる未成年後見人の報酬助
成の制度等がありますか。

A57

1　回　答

　M君に対する虐待のおそれがなく、児童相談所の関与もない以上、M
君の場合、未成年後見人支援事業（児童虐待防止対策支援事業）の報酬助
成の要件を満たしません。

　また、未成年後見人への報酬については、生活保護の支給対象とはな
りません。

　そのほか、M君もしくはM君の未成年後見人が利用できる未成年後見
人の報酬助成の制度等は見当たりません。

2　解　説

(1)　児童虐待防止対策支援事業

　児童虐待防止対策支援事業の一つとして、未成年後見人支援事業の要
綱を定めてこれを実施し、未成年後見人の報酬の補助をしている自治体

184

（都道府県および児童相談所を設置している市と特別区）があります。

　もっとも、未成年後見人支援事業による報酬助成は、児童相談所長が、児童福祉法33条の 8 に基づき、親権を行う者のない児童について、その福祉のため必要があるとして、家庭裁判所に対して未成年後見人の選任を請求した場合に限られています。

　つまり、虐待のおそれがあるなど措置または一時保護等によって児童相談所が関与している児童の未成年後見人であることが報酬助成の前提となっており、そもそも児童相談所の関与のない児童の未成年後見人の報酬は助成の対象とはなり得ません。

(2)　生活保護

　未成年後見人への報酬については、支給対象とはなりません（問答集第 1 編問 7 -75参照）。

　なお、生活保護の適用される未成年者について未成年後見人制度を利用するにあたり、児童虐待防止対策支援事業が利用できない等、真にやむを得ない場合には、未成年後見人選任の申立てに要する費用（**Q58**参照）については、生活保護費として認定され、支給される余地があります。

(3)　成年後見制度利用支援事業

　市町村は、成年後見制度利用支援事業として、低所得の高齢者や障害者が成年後見制度を利用するにあたって、その後見等開始の審判の申立てに係る費用や選任された成年後見人等への報酬の助成を行っています（障害者の日常生活及び社会生活を総合的に支援するための法律77条 1 項 4 号、障害者の日常生活及び社会生活を総合的に支援するための法律施行規則65条の10の 2 第 1 号・ 3 号、成年後見制度の利用の促進に関する法律11条 8 号）。

　報酬助成は市町村長申立ての場合に限られるのか、成年後見人・保佐人・補助人の報酬だけでなく後見監督人・保佐監督人・補助監督人の報

酬も助成の対象に含まれるのかなど、助成の内容は市町村によって異なりますが、いずれにせよ、未成年後見人の報酬を助成の対象としている市町村はないものと思われます。

Q58● 未成年後見人選任の申立て

　　　　　Ｆさんとも話合いをした結果、ＦさんがＭ君の未成年後見人選任の申立てを行い、私が担当ケースワーカーとしてその支援をすることになりました。

　Ｍ君の未成年後見人選任の申立てについて、①申立先、②申立てに要する費用を教えてください。

A 58

1　回　答

　①申立先はＭ君の住所地を管轄する家庭裁判所で、②申立てに要する費用はおおむね5,000円程度です。

2　解　説

(1)　申立先

　未成年者（Ｍ君）の住所地を管轄する家庭裁判所が申立先となります（家事事件手続法176条）。

　なお、住所地を管轄する家庭裁判所については、裁判所のウェブサイトに掲載されている「管轄区域一覧」等によって確認することができます。

(2)　申立てに要する費用

　未成年後見選任の申立てをするにあたり、手数料として、未成年者1名につき800円の収入印紙を納める必要があります。

　加えて、家庭裁判所から申立人等に郵便物を送達する際に使用する郵便切手（「郵券」ともいいます）を納付する必要があります。納めなければならない郵便切手の総額、内訳は裁判所によって異なりますので、事前に申立てをする家庭裁判所に確認をしてください（家庭裁判所によってはウェブサイト上で案内していますし、ほとんどの家庭裁判所は電話での問合せにも応じてくれます）。

　ちなみに、東京家庭裁判所は総額4,000円（内訳：500円×2枚、350円×3枚、110円×15枚、50円×2枚、20円×10枚）の郵券の予納が必要であるとしていますが（令和6年10月現在）、手続の内容や進行具合により追加の納付を求められることもあります。

　なお、これらの費用について、民事法律扶助（制度のしくみについて、**Q12**参照）を利用して弁護士に事件処理を依頼した場合には、弁護士費用と同様、法テラスによる立替えの対象となります。

Q59● 民事法律扶助～未成年後見人選任の申立ての立替金の種類と額の目安

　Fさんは、M君の未成年後見人選任の申立てをするにあたり、民事法律扶助（制度のしくみについて、**Q12**参照）を利用したうえで、その事件処理について弁護士に相談・依頼したいと考えているようです。

　Fさんが民事法律扶助を利用して未成年後見人選任の申立ての事件処理を弁護士に依頼した場合、法テラスが受任弁護士に対して立て替えて支払い、その後、利用者であるFさんが法テラスに対して返済しなけれ

ばならない費用（立替金）について、その種類と額を教えてください。

A 59

　民事法律扶助を利用して弁護士に事件処理を依頼した場合の立替金の種類と額については、「代理援助立替基準」として法テラスのウェブサイト上に掲載されています。

　そして、未成年後見人選任の申立てを含む成年後見人等申立事件の代理については、次のとおり定められています（令和6年1月1日現在）。

実費等（基準額）	着手金（基準額）	報酬金（基準額）	鑑定料
20,000円	66,000円〜110,000円	なし	限度額523,808円まで追加して支出

　具体的な金額は、事件の性質や事件処理の困難さ等によって変わりますが、「着手金」[21]は8万8,000円と決定されることが多いようです。

　ですから、Ｆさんが民事法律扶助による援助の申込みをして、仮に実費等2万円、着手金8万8,000円とする援助開始決定が出た場合、これらの合計10万8,000円を法テラスが受任弁護士に対して立て替えて支払います。未成年後見人選任の審判が成立しても、「報酬金」[22]は発生しません。

　この法テラスが立て替えて支払った立替金については、原則として、民事法律扶助の利用者であるＦさんが法テラスに対して分割して償還（返済と同じ意味です）する必要があります。

21　「着手金」とは、弁護士に支払われる報酬のうち、弁護士が事件処理に着手する段階で支払われるべきものです。

22　「報酬金」とは、弁護士に支払われる報酬のうち、事件処理終了後、その成果に応じて支払われるべきものです。

　もっとも、Ｆさんは生活保護利用者ですので、事件処理が終わるまでは法テラスに対する立替金の償還義務が猶予され[23]、事件処理が終わった時点でもなお生活保護を利用している場合には、償還義務の免除を申請することができます[24]。

23　業務方法書31条1項1号。
24　業務方法書65条1項1号。

第7章

生活保護利用者による損害賠償請求

事例 7 – ① 訴訟提起と民事法律扶助

　X市で暮らすGさん（50歳代、男性）は、令和4年4月、雇止めにあって無収入となり、それ以降、単身、生活保護を利用して生活をしている（毎月支給される生活保護費（加算を除く）の額は9万円）。

　不運は続くもので、同年11月11日、横断歩道を横断中に自動車に轢かれ、この交通事故により、左ひざ関節の打撲と頚椎捻挫（いわゆる「むち打ち」）のケガを負ってしまった。その後、事故の加害者が加入していた任意保険会社の負担で通院を続けたが、令和5年5月に通院を終えていた。

＊

　令和5年7月28日、GさんがX市福祉事務所の窓口を訪ねてきて、生活保護受給証明書の発行を申請した。担当ケースワーカーである井口CWが応対して使途を聞くと、「去年の交通事故のことで、弁護士に依頼するために必要だから」と言う。さらに詳しく尋ねたところ、事故の加害者が加入していた任意保険会社から、「5月で治療費の支払いを打ち切る」と言われ、その後、交通事故の損害賠償金として46万円を支払うといった内容の示談の提示があったが、金額が低すぎて納得できない、弁護士に依頼して裁判を起こすつもりだ、とのことだった。

　また、Gさんは、交通事故によってケガを負った首や肩の痛みがまだとれないらしく、再び通院治療を受けるために医療扶助の申請を行った。

　やれやれ、井口CWはため息をつきたくなった。せっかく就職活動をがんばっていたのに、こんなことになるなんて、世の中うまくいかないもんだな。まぁ、納得するまでやってもらうしかないか。

井口CWが「裁判を起こしたら、ちゃんと報告してくださいね」と言うと、Gさんは、「わかりました」と答えて、X市役所庁舎を後にした。

＊

　令和5年9月27日、井口CWは、河本弁護士からの電話を受けた。現在、Gさんから依頼を受け、損害賠償請求の訴訟を提起するための準備をしている、とのことだった。

井口CW「Gさんが依頼した弁護士さんって、河本さんだったんですか？」

河本㋭「そうです。井口さんがGさんの担当をされているとうかがったので、Gさんに承諾をもらって電話しました。確か、Gさんが損害賠償金を受け取った場合、いくらかX市に返還しないといけなくなりますよね？」

井口CW「63（ロクサン）のことですか？」

河本㋭「それで、Gさん、裁判をやって損害賠償金を受け取ることができたとして、X市にお返ししないといけないものをお返ししたら、結局、手元にいくら残ることになるのかって、そこをすごく気にしているんですよ」

井口CW「それは、気になるでしょうね」

河本㋭「ただ、正直言うと、僕、生活保護のこと、よくわからないんですよ。というか、僕に限らず弁護士って、ロースクールでも司法修習でも、生活保護のことを勉強する機会がほとんどないんです。なんか、言い訳くさいですけど」

井口CW「へぇ〜、そんなもんなんですか。なんか、弁護士さんって、何でも知ってるイメージありますけどね」

河本㋭「そんなイメージあります？　あるとしたら、それはひど

い誤解で。いずれにせよ、井口さんが G さんの担当をされているというのは願ったり叶ったりな話で、G さんの件についても、井口さんと相談しながらですね、今、いくら受け取ったら、X 市にいくらお返ししないといけないのか、それを常に確認しながら、訴訟を進めていきたいと思っているんです。ご協力いただけませんか？」

井口CW 「それは全然かまいませんよ。確か、保険会社から46万円の提示があって、それに納得いかないみたいなことを言っていましたけど、河本さんは裁判でいくらぐらい請求する予定なんですか？」

河本㊗ 「ざっくり370万円弱ですかね」

井口CW 「えっ！！　そんなにですか!?」

河本㊗ 「今回の交通事故で G さんに後遺症が残って、そのせいで働くことができなくなった、そう考えると、こちらからの請求額はそれくらいになるんですよ」

井口CW 「すごいですね。その裁判、勝てそうなんですか？」

河本㊗ 「そればかりは、やってみないと。当然、勝つつもりでやりますけどね」

Q60● 民事法律扶助を利用した 損害賠償請求事件の手続の流れ

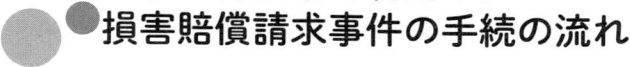

　民事法律扶助（制度のしくみについて、**Q12**参照）を利用し、交通事故の加害者に対して訴訟を提起し損害賠償金の支払いを求める損害賠償請求事件の事件処理を弁護士に依頼した場合、その後の手続はどのように進むのでしょうか。

A 60

1　回　答

　訴訟提起をすると、おおむね1か月に1回の頻度で裁判期日が開かれ、当事者双方が主張・立証を行い、争点を整理していきます。争点を整理していく中で、お互いに歩み寄ることができれば和解が成立しますし、歩み寄ることができない場合には、裁判所が判決を言い渡して一定の結論を下します。損害賠償を認める内容の和解が成立するか、裁判所が勝訴判決（一部勝訴を含む）を言い渡してこれが確定した場合、受任弁護士は、損害賠償金等の回収を行います。回収した損害賠償金等から民事法律扶助の立替金と報酬金を精算した後、残額を依頼者（民事法律扶助の利用者）に返金をして、すべての手続が終了します。

2　解　説

(1)　具体的な損害賠償金の額が確定するまで

　民事法律扶助の利用者と受任弁護士、法テラスとの三者間で代理援助契約を締結した後（①）、受任弁護士が事件処理に着手します。事件処理着手から訴訟提起までにどのくらいの期間を要するかは、事件の複雑さなどによって大きく異なります。

　訴訟提起をすると（②）、その後は、おおむね1か月に1回の頻度で裁判期日が開かれます。その間、原告（訴訟を起こした人、民事法律扶助の利用者）と被告（訴訟を起こされた人）は交互にその主張を記載した書面と主張を裏づける証拠を提出し、「主張→反論→再反論→再々反論」と繰り返すなかで争点を整理していきます。争点を整理していく中で、お互いに歩み寄ることができれば、和解が成立しますし、歩み寄ること

ができなければ、争点整理を終えた段階で証拠調べ（TVドラマで見るような、証人や当事者本人の尋問を含みます）を行い、裁判所が判決の言渡しをして一定の結論を下します。訴訟上和解が成立するか、判決の言渡しがされ、これが確定すると、損害賠償金の額が確定します[1]。

　なお、訴訟提起から判決の言渡しまでに要する期間については、ケース・バイ・ケースではありますが、平均すると１年程度だと思われます。

(2)　訴訟上の和解成立から損害賠償金を回収するまで

　訴訟上の和解が成立すると、その和解が成立した日に損害賠償金の額が確定します（③）。

　交通事故の加害者が任意保険に加入している場合、損害賠償金の額が確定すると、通常、１週間〜２週間後には確定した損害賠償金が受任弁護士の預り金口座に振り込まれます（④）。

(3)　判決の言渡し・確定から損害賠償金等を回収するまで

　民事訴訟で判決が言い渡されると（❸）、数日中のうちに判決書の正本（もしくは判決書に代わる調書の謄本）が原告（訴訟を起こした人）と被告（訴訟を起こされた人）の双方に送達されます（民事訴訟法255条）（❹）。

　原告・被告の双方に判決書の正本等が送達された日の翌日から数えて２週間が経過すると、判決が確定し、損害賠償金の額が確定します（❺）（Q61参照）。

　その後、受任弁護士によっては、訴訟費用額の確定手続を行い、これに１か月ほどの期間を要することがあります[23]。

　交通事故の加害者が任意保険に加入している場合、損害賠償金等の額

1　訴訟提起がされても、多くの場合、判決言渡しまでは至らず、訴訟上の和解が成立して訴訟が終了します。また、請求の放棄または認諾（民事訴訟法266条・267条）、あるいは、訴訟外で和解が成立した後、訴えの取下げ（同法261条・262条）によって訴訟が終了することもあります。

が確定すると、通常、1週間〜2週間後には確定した損害賠償金、支払日までに発生した遅延損害金（民法419条）、（訴訟費用額の確定手続を行った場合には）確定した訴訟費用額の額を合計したものが受任弁護士の預り金口座に振り込まれます（**❻**）。

(4)　損害賠償金等回収から精算まで

受任弁護士が損害賠償金等を回収すると事件処理は終了となりますので、受任弁護士は、速やかに事件処理の内容・結果について記載した終結報告書を作成し、法テラスに対して提出します（⑤**❼**）。

その後、終結報告書の内容を踏まえ、法テラスが「報酬金」[4]の額を決定します（⑥**❽**）。終結報告書の提出からこの報酬決定までに早ければ2週間程度、場合によっては2か月程度を要することもあるようです。

報酬決定がされると、受任弁護士は、回収した損害賠償金等から立替金と報酬金を精算し、残額を民事法律扶助の利用者（依頼者）に返金します（⑦**❾**）。

2　訴訟提起をする際、原告は被告に対し、損害賠償金を請求するとともに訴訟費用（訴え提起手数料や書面の送達費用等）の負担を求めます。ですが、判決が確定しても、判決の主文には訴訟費用のそれぞれの負担割合しか示されていません。そのため、受任弁護士は、被告が負担すべき具体的な訴訟費用の金額を確定するため、裁判所書記官に対し、訴訟費用額の確定処分の申立てを行います（民事訴訟法71条）。通常、裁判所書記官に申立書を提出して数日後には、訴訟費用額確定処分がされ、被告が負担すべき具体的な訴訟費用の金額が確定します（この確定処分に対しては、その告知を受けた日から1週間以内であれば異議申立てができますが、異議申立てがされることはほとんどないと思われます）。なお、受任弁護士や裁判所書記官が訴訟費用の計算に不慣れであったりすると、この訴訟費用額の確定手続に期間を要することがあります。

3　訴訟費用が高額等の事情がない限り、訴訟費用額の確定手続まで行う受任弁護士は多くないと思われます。

4　「報酬金」とは、弁護士に支払われる報酬のうち、事件処理終了後、その成果に応じて支払われるべきものです。

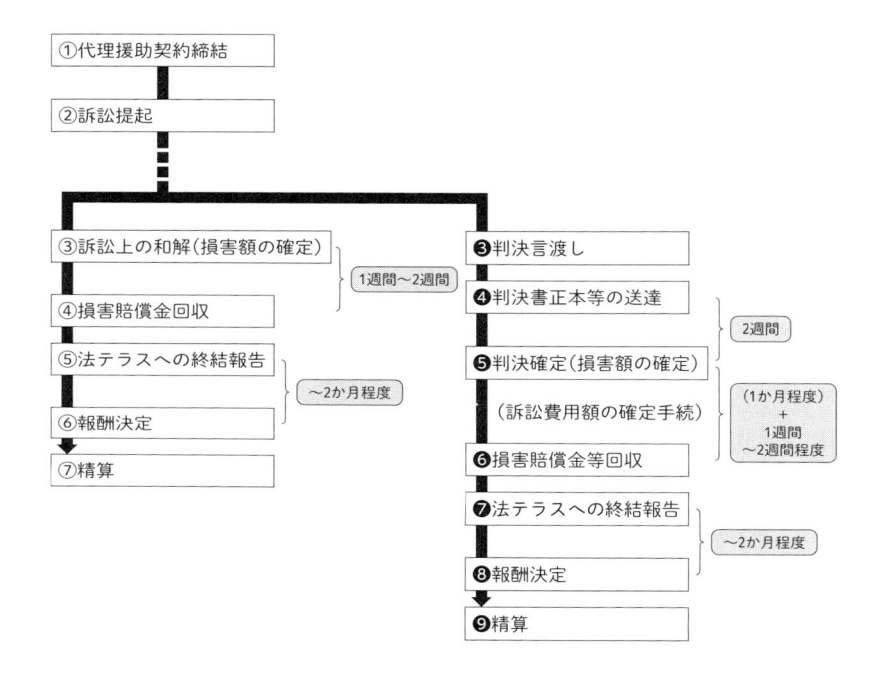

事例7-② 訴訟提起と損害賠償金

　令和5年10月24日、GさんがX市福祉事務所の窓口を訪ねてきた。交通事故の加害者に対して訴訟を提起したらしく、訴状の写しを持参していた。井口CWが訴状の写しの「原告に生じた損害」の欄を見ると、そこには、次のように記載されていた。

> 通院慰謝料　　　　　　　　890,000円（通院期間6か月）
> 後遺症による慰謝料　　　1,100,000円
> 　　　　　　　　　　（自動車損害賠償保障法施行令別表第2の第14級）
> 後遺障害による逸失利益　1,353,553円
> 　　5,911,100円（賃金センサス男性学歴計40歳〜45歳）×5％（労働能力喪失率）×4.5797（労働能力喪失期間5年、3％のライプニッツ係数）
> 弁護士費用　　　　　　　　334,355円
> 損害額合計　　　　　　　3,677,908円

　令和6年5月24日、井口CWは河本弁護士から電話を受けた。

河本⑰「Gさんの交通事故の裁判の件なんですけど」

井口CW「Gさんの交通事故の裁判？　そっか〜、前に連絡をいただいたときから、もう半年以上経ちますもんね。ようやく解決ですか？」

河本⑰「いや、それがまだなんですけど、ちょっとうかがいたいことがあって」

井口CW「なんです？」

河本⑰「裁判所から、後遺障害の認定は難しいという心証の開示があったうえで、98万円で和解を検討してくださいってい

　　　　　う話が出ていて」

井口CW「それで？」

河本㊖　「ただ、63（ロクサン）があるので、Gさんが、じゃあ、98
　　　　　万円で和解したときに、結局、自分の手元にいったいいく
　　　　　ら残るんだって、それをすごく気にしていて」

井口CW「あ〜、なるほど」

河本㊖　「いくらぐらい残りそうですかね？」

Q61● 生活保護法63条返還金と資力の発生時点
～訴訟提起による損害賠償金の回収

　Gさんのように生活保護利用者が損害賠償請求権を有していて、訴訟を提起し、その後に現実に損害賠償金を回収したとき、生活保護法63条返還金の返還決定を行うことになります。その場合、「資力」の発生時点はいつですか。

A61

1　回　答

　訴訟提起がされても、多くの場合、判決言渡しまでは至らず、訴訟上の和解が成立して訴訟が終了します。その場合、和解成立の日が資力の発生時点です。

　判決の言渡しがされ、その判決が確定した場合には、判決の確定日が資力の発生時点となります。

2　解　説

(1)　資力の発生時点の考え方

資力の発生時点については、実務の運用上、給付事由（請求事由）が発生したことにより当然に受領できる保険金、年金、補償金、および相続資産等については、当該事由の発生時から資力があるものとみなし、他方、事由が発生したことに伴い、訴訟、調停、和解等により確定しなければならないもの（係争の結果を待たなければ資力を得るかどうかがわからないもの）については、確定した時点で資力が発生したものとするとされています（実例集問13-1-1）（問答集第1編問13-6でも同様の見解が示されています）。

(2)　訴訟上の和解の成立

裁判の期日において和解が成立すると、担当裁判所書記官がその期日の調書に和解が成立した旨記載をしますが（民事訴訟法160条1項、民事訴訟規則67条1項1号・88条4項等）、その記載は確定した判決と同様の効力を要します（民事訴訟法267条）。通常、期日の調書は期日のあったその日に記載がされます。ですから、訴訟上の和解が成立した場合、その和解の成立の日を資力の発生時点と考えることになります。

(3)　判決の確定

民事訴訟で判決が言い渡されると、裁判所は判決書の正本（もしくは判決書に代わる調書の謄本）を原告（訴訟を起こした人）と被告（訴訟を起こされた人）の双方に送達します（民事訴訟法255条）。

この判決書の正本等の送達は、判決の言渡しのあった日に行われることがほとんどだと思われます。[5]

当事者は、判決書の正本等の送達を受けた日の翌日から数えて2週間以内であれば、控訴をして控訴審で判決の内容を争うことができますが[6]

201

（民事訴訟法285条）、この控訴期間内にいずれの当事者も控訴をしない場合、判決が確定します（同法116条１項）。もっとも、期間の満了すべき日が日曜日、土曜日、国民の祝日に関する法律に規定する休日、１月２日、１月３日または12月29日から12月31日までの日にあたるときは、例外として、期間はその次の平常日をもって満了することになります（同法95条３項）。[7]

　なお、判決が確定した日について、裁判所は当事者からの問合せに応じてくれますし、当事者は申請により判決確定証明書の交付を受けることができます。

Q62● 自立更生費の説明・聴取義務と 生活保護法63条返還金

　生活保護法63条返還金の返還決定を行うにあたり、返還額から控除する自立更生費（問答集第１編問13-５答(2)エ）について、Ｇさんから事前に相談がない場合、担当ケースワーカーの方からＧさんに対して特に働きかけをする必要はない、と理解して問題はありませんか。

5　裁判長（裁判官）は、判決言渡し後遅滞なく、判決書を担当裁判所書記官に交付しなければならず（民事訴訟規則158条）、担当裁判所書記官は、この交付を受けた日または判決言渡しの日から２週間以内に判決書の正本等を当事者に送達しなければならないとされています（同規則159条）。

6　民事訴訟法95条１項は、同法上の期間の計算は「民法の期間に関する規定に従う」と定めており、民法140条は日・週・月・年をもって定めた期間については初日を算入しないと規定しています。ですから、民事訴訟法上、判決書の正本等の送達のあった日を基準として期間が定められている場合、送達のあった日を算入せず、その翌日から期間を計算します。

7　兼子一ほか『条解民事訴訟法〔第２版〕』（弘文堂、2011年）430頁以下。

A 62

1　回　答

　生活保護法63条や収入認定を踏まえてなお、損害賠償金を回収するために弁護士に依頼して訴訟提起までしているのですから、Gさんには、入浴設備の修理（手帳356頁、課長通知第7の14参照）、洗濯機や冷蔵庫などの家具什器の購入（手帳327頁以下、局長通知第7-2⑹ア参照）、暖房器具や冷房器具の購入（手帳328頁、局長通知第7-2⑹イ・ウ参照）等、回収した損害賠償金を必要とする何らかの需要があるのかもしれません。たとえGさんから自立更生費について事前に何らの相談がなかったとしても、担当ケースワーカーとしては、Gさんに対してあらためて自立更生費について説明をし、Gさんの現在の生活実態やその需要について聴取したうえで、事前相談を促すなどの対応をすべきだと考えます。

2　解　説

　近年、生活保護利用者が生活保護法63条返還金の返還決定の取消しを求めて訴訟を提起する事件は増加しており、訴訟では、①資力の発生時点、②返還額決定に関する裁量権の逸脱・濫用、③自立更生費等の控除に関する説明・聴取義務（調査義務）違反が主たる争点となっています。[8]

　そして、裁判例の中には、「〔生活保護〕法は、生活に困窮する国民に対し、その困窮の程度に応じ、必要な保護を行い、その最低限度の生活を保障するとともに、その自立を助長することを目的としていること

8　木下秀雄ほか編『判例生活保護──わかる解説と判決全データ』（山吹書店、2020年）150頁。

（1条）、保護は、要保護者の年齢別、性別、健康状態等その個人又は世帯の実際の必要の相違を考慮して、有効かつ適切に行うものとしていること（9条）からすれば、保護の実施機関が法63条を適用してその返還額を決定するにあたっては、被保護者の生活実態及びその需要を調査する義務を負うものというべきである」として、③自立更生費等の控除に関する説明・聴取義務（調査義務）を認め、この調査義務違反等を理由に生活保護法63条返還金の返還決定を違法として取り消したものもあります。[9]

　自立更生費等の控除について説明や聴取を行わないまま生活保護法63条返還金の返還決定をすることが、すべてのケースにおいて違法と評価されるわけではありません。ですが、担当ケースワーカーとしては、違法でなければ良いと満足するのではなく、生活保護法の目的である生活保護利用者の自立の助長を踏まえた、より適切なケースワークをめざすべきでしょう。

適法 かつ 適切 （○）	適法 だが 不適切 （△）	違法 かつ 不適切 （×）

9　尼崎市生活保護費返還決定取消訴訟（控訴審：大阪高判平成25・12・13賃社1613号49頁、第一審：神戸地判平成24・10・18賃社1613号58頁）。

事例7-③ 生活保護法63条返還金、収入認定の処理

　令和6年6月4日、Gさんの損害賠償請求事件に関し、損害賠償金の額を98万円とする内容の訴訟上の和解が成立し、同月12日、河本弁護士の預り金口座に98万円が振り込まれた。河本弁護士から報告を受けた井口CWは、翌13日、さっそくGさん宅を訪問し、Gさんに対して自立更生費について説明を行った。すると、「夏を迎えるにあたり、エアコンの調子が悪いので修理をしたい」と言うので、実際にエアコンを作動させてみたところ、確かに一向に部屋が涼しくならない。井口CWは、Gさんに対して修理費の見積もりをとるよう指示をし、Gさん宅を後にした。

　令和6年6月17日、Gさんからエアコンの修理費の見積書（修理費2万2,000円）の提出があり、同月20日のケース診断会議で、エアコンの修理費を自立更生費として認め、生活保護法63条返還金の返還額の決定にあたり、これを控除することが決まった。井口CWは、再びGさん宅を訪問し、Gさんにケース診断会議の結果を伝えるとともに、生活保護法63条返還金を河本弁護士がX市に直接納付することについての同意書を取得した。

　令和6年8月5日、河本弁護士から井口CWに電話があり、法テラスの終結決定が出て報酬金の額が決定したので、回収した損害賠償金の精算を行いたい、具体的には、河本弁護士の預り金口座に振り込まれた98万円から、法テラスが河本弁護士に立て替えて支払った実費等・着手金・訴え提起手数料の合計24万6,000円と、報酬金10万7,800円が差し引かれ、精算後の残金は62万6,200円になる、とのことだった。それを聞いた井口CWは、ようやく解決したかと、ホッと一息をついた。

*

　令和6年8月14日、X市福祉事務所長は、同年6月4日（訴訟上の和解成立日）以降にGさんに対して支給された生活保護費（医療扶助費を含む）の額である19万8,000円から自立更生費2万2,000円を控除した17万6,000円を返還額として、生活保護法63条返還金の返還決定を行った。

　そのうえで、Gさんの手元に残った損害賠償金45万0,200円（62万6,200円－17万6,000円）から8,000円（手帳389頁、次官通知第8－3－(2)エ(イ)）を控除した44万2,200円については、同年9月から6か月間、毎月7万3,700円（44万2,200円÷6か月）ずつ分割して収入認定することとした（手帳389頁以下、局長通知第8－1(5)[10])。

Q63● 弁護士との連携

　　　　Gさんの代理人として損害賠償請求事件の事件処理を行う河本弁護士との間で、Gさんの担当ケースワーカーとして、どのような連携が考えられますか。

10　生活保護利用者が臨時的な収入により一時的に生活保護を必要としなくなった場合であっても、6か月以内に再び生活保護を要する状態になることが予想される場合には、生活保護を停止することなく、当該月から引き続く6か月以内の期間にわたって分割して収入認定をするのが一般的な取扱いです。

A63

1　回　答

　損害賠償金を回収したGさんに対する生活保護法63条返還金、収入認定の処理を適切に行うためには、①河本弁護士を通じ、資力の発生時点を正確に把握するとともに、②河本弁護士に対して、生活保護法63条や収入認定に関する情報の提供を行う必要があります。また、生活保護法63条返還金を確実に取り立てるため、③河本弁護士から代理納付を受けることをお勧めします。

2　解　説

(1)　資力の発生時点の確認

　訴訟が判決によって終結した場合、担当ケースワーカーは、生活保護法63条返還金の返還決定を行うために、受任弁護士を通じて判決の確定日（資力の発生時点）（**Q61**参照）を確認し、これを正確に把握する必要があります。

(2)　生活保護法63条や収入認定に関する情報の提供

　損害賠償金の回収のために訴訟を提起する人の多くは、回収した損害賠償金の額だけではなく、その回収に要する経費等を差し引いた、最終的に得ることができる経済的利益の額にこそ関心があります。判決で100万円の損害賠償金が認められても、その回収のために120万円の経費がかかったのでは意味がありません。

　そのため、多くの弁護士は、訴えの提起時や訴訟上の和解に応じるかどうかを検討する時など、損害賠償金を回収するために要する経費（実費等・着手金、訴え提起手数料、報酬金等）の額を常に念頭に置き、依頼

者が最終的に得ることのできる経済的利益を想定しつつ、依頼者と打合せをして事件処理の方針を決定します。

　そして、Gさんのように依頼者が生活保護利用者である場合、回収した損害賠償金は生活保護法63条返還金の返還決定もしくは収入認定の対象となりますが、当然、弁護士はそのことも念頭に置きつつ事件処理にあたります。

　もっとも、河本弁護士に限らず、多くの弁護士は生活保護の運用に精通はしていません。

　そのため、井口CWには、適宜、Gさんの損害賠償請求事件の事件処理を行う河本弁護士に対し、生活保護法63条や収入認定の運用に関する情報と併せて、Gさんに毎月支給されている生活保護費の額（特に現物給付されている医療扶助費の額について、弁護士は見落としがちです）など、河本弁護士が生活保護法63条返還金もしくは収入認定の額を予測するために必要な情報を提供することが期待されます。

(3)　代理納付

　損害賠償金に限らず、生活保護利用者の資力が現実化したときに、速やかに生活保護法63条返還金の返還決定が行われることなく、その現実化した資力が生活保護利用者の手元にある状態のままで放置されている例が散見されます。その結果、当該生活保護利用者が返還しなければならない金銭を費消してしまったということも少なからずあるはずです。

　返還しなければならない金銭が手元になければ、つまり、それを費消する機会さえなければ、生活保護利用者のほうでつい魔が差してしまうこともないのですから、このような福祉事務所側の対応は、金銭を管理する業務に従事する者として、あまりに杜撰であるといえます（他方で、生活保護利用者が常に最低生活費での生活を余儀なくされている現状に鑑みたとき、つい魔が差してしまったとしても、そのことを強く非難するのは酷

です。人間だもの）。

　井口CWと河本弁護士とが連携をし、速やかに生活保護法63条返還金の返還決定を行うとともに、Ｇさんの同意を得たうえで、河本弁護士がＧさんに代わって返還金をＸ市福祉事務所に直接納付すること（代理納付）によって、そのような事態は避けられます。

　そのためにも、井口CWは、Ｇさんの担当ケースワーカーとして、いつの間にか訴訟が提起され、いつの間にか手続がすべて終わっていた、そのようなことがないよう、河本弁護士と密に連絡をとり、損害賠償請求事件の事件処理の進捗を正確に把握しておく必要があると考えます。

第8章

生活保護利用者の相続放棄

事例8-① 相続放棄をする前に

Hさん（30歳代、女性）は、無職無収入で、平成27年6月以降、単身、X市で生活保護を利用して生活をしている。担当ケースワーカーは井口CWである。

Hさんの両親は、Hさんがまだ子どものころに離婚し、Hさんは母親に引き取られた。母親はすでに亡くなり、父親（Jさん）とは、長年、連絡をとっていない。

令和5年9月20日、Hさん宛てに手紙が届いた。送り主はLさんという見知らぬ人物であった。その手紙を読むと、次のような内容が書かれていた。

① Jさんは、Hさんの母親と離婚した後、Kさんという女性と再婚し、Kさんとの間に長男Lさんと長女Nさんをもうけた

② 令和5年7月10日、Jさんが亡くなった

③ Jさん名義の預金が300万円ある一方で、Jさんには消費者金融業者Aイフルからの借金もあり、その残額は90万円（元金）である

④ Jさんの相続人は、妻（配偶者）であるKさんと、子であるLさんとNさん、Hさんの合計4人である

⑤ Jさんの遺言はない

⑥ Kさん、Lさん、Nさんの3人は、Jさんの遺産について、Hさんも含めた相続人全員で遺産分割協議を行いたいと考えている

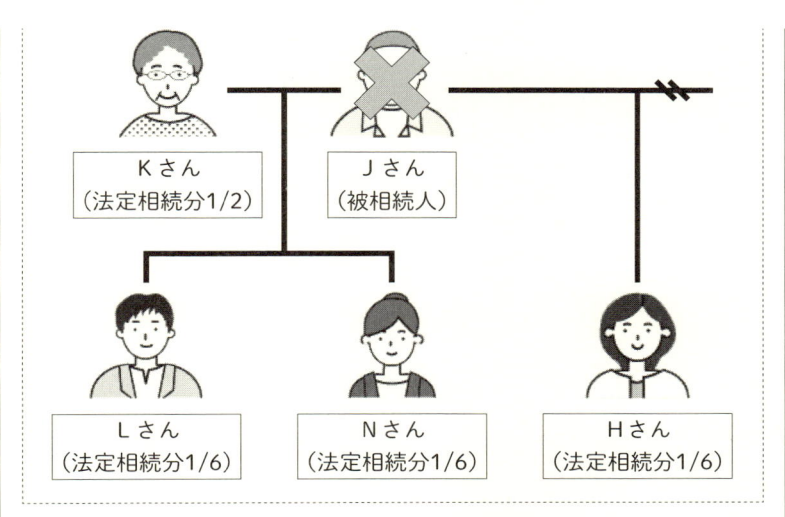

　令和 5 年 9 月22日、 H さんが X 市福祉事務所を訪ねてきた。音信不通だった父親のことで手紙が届いたので相談したい、とのことだった。井口CWは、L さんから H さん宛ての手紙を読み終えると、その様子を見ていた H さんに声をかけた。

井口CW「亡くなったお父さんの遺産を分けるために話合いをしませんかって、そう書いてあるみたいですけど、相談したいことって何ですか？」

H さん　「なんか、借金もあったって書いてない？」

井口CW「書いてありますね。ただ、90万円借金があっても、預金が300万円あるから、トータルしたらだいぶプラスだと思いますよ」

H さん　「父親っていっても顔も覚えてないし、今さらこんなの送られてきても、めんどくさいっていうか。無視したら、ダメ？」

井口CW「無視していたら、いつまで経っても解決しないですよ。ちゃんと話合いをしないと」

> Hさん　「え〜。それってマックスめんどくせ〜じゃん。じゃあ、
> 　　　　相続放棄する。お金とかもらっても、どうせ井口さんにと
> 　　　　られちゃうんでしょ。決めた、放棄する」
> 井口CW「いや、僕がとるわけではないし、ちゃんとよく考えて
> 　　　　……」
> Hさん　「いい、もう放棄するって決めたし」
> 井口CW「決めたしって……」

Q64● 相続債務

　Jさんの遺産には、300万円の預金（プラスの財産）がある一方で、Aイフルから借り入れた借金、つまりAイフルに対する貸金債務90万円（元金）（マイナスの財産）も含まれています。

　HさんがJさんの遺産を相続した場合、このマイナスの財産はどのように取り扱われるのですか。

A64

1　回　答

　Hさんは、Jさんの遺産を相続した場合、法定相続分（民法900条参照）[1]に従い、Jさんの貸金債務90万円（元金）のうち、その1/6の金

1　法定相続人が配偶者と子である場合、法定相続分は配偶者と子がそれぞれ2分の1ずつです。そして、子が二人以上いる場合は、子の法定相続分2分の1を、人数に応じて均等に割ります。したがって、Jさんの相続の場合、法定相続分は、Kさんが2分の1、Lさん、NさんおよびHさんがそれぞれ6分の1となります。

額である15万円（元金）について承継します。

　したがって、Ｈさんは、債権者であるＡイフルに対して、15万円（元金）とこれに対する利息もしくは遅延損害金を支払う必要があります。

2　解　説

(1)　相続の効力

　民法896条は、相続の一般的効力について、「相続人は、相続開始の時から、被相続人の財産に属した一切の権利義務を承継する」と定めており、相続人は、「一切の権利義務」、つまり預貯金や不動産のようなプラスの財産だけではなく、借金（貸金債務）などのマイナスの財産も承継します。

(2)　相続人が複数人いる場合の金銭債務の相続

　貸金債務を含む金銭債務については、債務者が死亡し相続人が複数人いる場合、法律上当然に分割されて、各相続人がその相続分に応じて承継します。[2]

　なお、「法律上当然に」分割されますので、相続人間での遺産分割協議が未了の場合はもちろんのこと、相続人間で金銭債務の負担割合について相続分と異なる合意をした場合であっても（例：90万円の貸金債務について、すべてＫさんが負担する）、相続人はこれらの事情を理由に債権者からの請求を拒むことはできません。相続人は、債権者から請求をされた場合、遺産分割協議の有無や相続人間で合意した内容にかかわらず、その法定相続分に応じて相続した金銭債務の弁済をする義務を負います。

2　最判昭和34・6・19民集13巻6号757頁等。

Q65● 生活保護法63条返還金と相続

　　　　ＨさんがＪさんの遺産を相続して、法定相続分に従い、預金300万円のうち50万円（300万円×6分の1）を実際に受領した場合、生活保護法63条返還金の返還決定を行うことになります。他方で、Ｈさんは、Ａイフルに対する貸金債務90万円（元金）のうち15万円（90万円×6分の1）について返済義務を承継しています。

　ところで、生活保護法63条返還金の要返還額を決定するにあたり、借金の返済のための原資を自立更生費として要返還額から控除することは認められていません[3]。

　そのことを踏まえ、Ｈさんが相続した預金50万円からＡイフルに対して返済をした場合、その取扱いをどのようにすべきでしょうか？

A 65

1　回　答

　生活保護法63条返還金の返還決定をするにあたっては、①Ｈさんが相続した預金50万円から、Ａイフルに対して返済した額（15万円とこれに対する利息もしくは遅延損害金）および8,000円を差し引いた額を本来認定すべき「資力」の額とし、②本来認定すべき「資力」の額とＪさんが死亡した日である令和5年7月10日以降に支給された生活保護費の額とを比較して、少ない額が要返還額となります。そのうえで、③自立更生

3　平成24年7月23日社援保発0723第1号厚生労働省社会・援護局保護課長通知（「生活保護費の費用返還及び費用徴収決定の取扱いについて」）1(1)④(エ)。

費等の額を決定し、④要返還額から自立更生費等を控除して返還額が定めます。

2 解 説

(1) 生活保護法63条に基づく返還額の決定の手順

生活保護利用者が相続により財産を取得した場合、その取得した財産の額を限度として、被相続人死亡時（資力の発生時点）以後に支給された生活保護費について、生活保護法63条に基づく返還を求めることになります（問答集第1編問13-6(2)）。

その際、具体的な返還額の決定手順は次のとおりとされています（実例集問13-1-4）。

① 収入額から必要経費・基礎控除等を控除し、本来認定すべき「資力」の額を求める（なお、不動産又は動産の処分による収入、保険金その他の臨時的収入は、8,000円を超える額を「資力」の額とする）（手帳389頁、次官通知第8-3-(2)エ(イ)）

② 本来認定すべき「資力」の額と、支給済みの生活保護費を比較し、少ない額が要返還額となる（なお、「資力」の額が支給済みの生活保護費の額より多い場合は、支給済みの生活保護費の額を生活保護法63条に基づく返還請求額として、残額は収入として認定する）

③ 問答集第1編問13-5に基づき、「全額を返還額とすることが当該世帯の自立を著しく阻害するかどうか」「自立更生のためのやむを得ない用途にあてられたものかどうか」などを調査・検討したうえで、生活保護の実施機関が組織的に判断し、自立更生費の控除額を決定する

④ 要返還額から自立更生費の控除額を差し引き、返還額を決定する

(2)　マイナスの財産も含まれる場合の取扱い

　生活保護利用者が相続した遺産の中に、プラスの財産だけでなくマイナスの財産も含まれる場合の取扱いについて、処理基準等に記載はありません。

　もっとも、多重債務を抱える生活保護利用者が弁護士に依頼して複数の債務を一括して整理する場合（問答集第 1 編問 8 -32）など、生活保護法63条返還金の要返還額を決定するにあたり、借金の返済のための原資を要返還額から控除することが認められる場合もあります。

　したがって、生活保護利用者が相続した遺産の中に、プラスの財産だけでなくマイナスの財産も含まれる場合についても、同様の取扱いをすることが妥当だと考えます。

Q66● 資産活用要件と相続放棄

　Ｈさんは、法定相続分（民法900条参照）に従うと、Ｊさんの預金のうち50万円（300万円×6分の1）を相続することができます。そうすると、仮にＪさんのＡイフルに対する貸金債務90万円（元金）のうち15万円（90万円×6分の1）について弁済する義務を併せて承継しなければならないとしても、30万円以上はプラスになりそうです。

　にもかかわらず、「お金とかもらっても、どうせ井口さんにとられちゃうんでしょ」と言って、相続放棄をしようとしています。

　Ｈさんに対し、このような相続放棄は生活保護法 4 条 1 項の定める資産活用要件に反するとして、「相続放棄をしてはならない」と指導指示

4　債権調査中に過払金の存在が判明したときには、当該過払金を取り戻して、取り戻した過払金を他社への返済原資にあてる方法により任意整理を行い、その任意整理の結果、当該生活保護利用者が得た残額が「資力」として認定されます。

しても問題はないでしょうか。

1　回　答

　相続の放棄のような身分行為については、他人の意思によって強制すべきではありません。そのため、Hさんに対して、「相続放棄をしてはならない」と指導指示をして、その結果、Jさんの遺産を相続することを強制してしまった場合、その指導指示が違法と評価される可能性があります。

　もっとも、生活保護法63条返還金の返還決定が見込まれることを理由に適切に権利行使しない生活態度は、生活保護法が目的とする生活保護利用者の自立にはそぐわないものです。井口CWには、Hさんの担当ケースワーカーとして、Hさんに対し、適切に権利行使することが自立につながっていく旨助言し、その生活態度の改善を促すことが期待されます。

2　解　説

(1)　判例の検討

　生活保護利用者が行った相続放棄が資産活用要件に違反するか否かについて、これを判断した最高裁判所判例は存在しません。ですが、相続人が行った相続放棄について、被相続人の債権者が詐害行為取消権（民

5　生活保護法4条1項は、「その利用し得る資産……を、その最低限度の生活の維持のために活用すること」を生活保護の要件（資産活用要件）として規定しています。

法424条）を行使できるか否かが争われた事案において、最高裁判所は、
「相続の放棄のような身分行為については、他人の意思によつてこれを
強制すべきでないと解するところ、もし相続の放棄を詐害行為として取
り消しうるものとすれば、相続人に対し相続の承認を強制することと同
じ結果となり、その不当であることは明らかである」と判示したうえで、
相続放棄は詐害行為取消権の対象にはならないと結論しています。

　つまり、身分行為について、可能な限り本人の意思が尊重されるべき
とする考えを最高裁判所は明確に示している、といえます。そのため、
裁判所は、資産活用要件を踏まえてもなお、生活保護利用者に対する、
相続放棄を禁止し、相続を強制するような内容の指導指示は違法だと判
断する可能性が高いと考えます。

(2)　自立支援のための助言

　生活保護利用者から「相続について、どう対応したらよいか？」「相
続放棄をしても問題ないか？」といった相談があったときには、担当
ケースワーカーは、生活保護利用者の自立支援のために必要な助言を

6　債権者に返済するだけの資力のない債務者が、自己の財産を他人に贈与したり、
　特定の債権者にだけ抜け駆け的に弁済をするなどの行為（詐害行為）をしたときに、
　債権者には、自分の債権の弁済を確保するために、その詐害行為を取り消す権利
　（詐害行為取消権）が認められます。
7　「身分行為」とは、民法が定める身分（婚姻、養子縁組、親子関係等）に関す
　る効果を発生・変更・消滅させる行為のことで、売買や賃貸借等の「財産上の行
　為」と区別して理解されています。
8　最判昭和49・9・20民集28巻6号1202頁。
9　生活保護法は「自立助長」との用語を用いていますが、これがケースワーカー
　と生活保護利用者が上下の関係にあることを想起させるため、行政の現場でも、
　生活保護利用者中心、対等な関係、社会福祉としての権利性、公平性の観点から、
　「自立支援」の言葉に置き換わっています（全国公的扶助研究会監修・吉永純＝衛
　藤晃編著『よくわかる生活保護ガイドブック②Q&A生活保護ケースワーク支援の
　基本』（明石書店、2017年）40頁）。

することができます（生活保護法27条の2）。

　ここで、生活保護における自立支援とは、就労による経済的自立のための支援に限られず、日常生活において自立した生活を送るための支援、社会生活における自立の支援を含むものです。そして、生活保護を利用していなければ、当然、主張していたであろう権利について、どうせ生活保護法63条返還金の返還決定がされて手元には何も残らないといった理由でその権利行使を控えるような生活態度は、自立にはそぐわないということができます。

　そのことを踏まえ、担当ケースワーカーには、生活保護利用者の自立支援の観点から、適切に権利行使をすることが自立につながっていく旨の助言をし、その生活態度の改善を促すことが期待されます。

Q67● ケースワーカーとして留意すべき事項① 自立支援のための助言

　Hさんに対して、Jさんの遺産を相続するよう助言をしたいと考えています。助言をするにあたり、留意すべきことがありますか。

A67

1　回　答

　Hさんに助言をするにあたっては、まず、Hさんについて、その発言

10　生活保護制度の在り方に関する専門委員会「生活保護制度の在り方に関する専門委員会報告書」（平成16年12月15日）。

を言葉どおりに受け取るのではなく、言葉を発した背景や思いに至るまで正しく理解する必要があります。そのうえで、Ｈさんに対して、相続放棄や生活保護の運用に関する正確な情報を提供することを心がけてください。

2　解　説

(1)　生活保護利用者を正しく理解すること

　助言はあくまで生活保護利用者の自立支援のために行うものです。主体である生活保護利用者のことを正しく理解しなければ、適切な支援などできるはずがありません。

　そして、Ｈさんは、「めんどくさい」「お金とかもらっても、どうせ井口さんにとられちゃうんでしょ」といった発言をしていますが、これを言葉どおりに受け取るのではなく、Ｈさんの置かれた立場や実情を踏まえ、言葉を発した背景や思いに至るまで理解しようと努める姿勢こそが肝要です。そこには、幼いころに別れ、ずっと音信不通だった父親への複雑な思いがあるのかもしれません。また、「めんどくさい」と言いながらも、相続放棄の手続（これだって面倒だといえば面倒です）をきちんと行うのであれば、それはそれでＨさんの真摯な生活態度と捉えることも可能ではないでしょうか。

(2)　正確な情報を提供すること

　Ｈさんは、Ｊさんの遺産を相続するか否かを判断するにあたり、相続することによって自分に不利益は生じないのか、不安になることでしょう。たとえば、①相続→②生活保護法63条返還金の要返還額の決定という一連の流れの中で、Ｈさんが相続した預金の中から相続した借金を返済した場合に、その返済額が要返還額から控除されないのであれば、Ｈさんはいさんの遺産を相続したことによって大きな不利益を受けること

になります（**Q65**参照）。そのため、Ｘ市福祉事務所が事前に相続債務の取扱いについて方針を明確に示さなければ、Ｈさんは安心して相続ができません（筆者の経験上、担当ケースワーカーがあいまいな物言いをすることで、生活保護利用者の誤解、その結果としての誤った選択を招いてしまうことが、しばしばあると感じています）。

　そして、生活保護法63条に基づく返還額の決定については、担当職員の判断で安易に行うことなく、そのような決定を適当とする事情を具体的かつ明確にしたうえで保護の実施機関の意思決定として行う必要があるとされています（問答集第１編問13-５）。

　そのため、Ｈさんの担当ケースワーカーとしては、ＨさんがＪさんの遺産を相続した場合に、Ｊさんの負っていた貸金債務をどのように取り扱うかについて、ケース診断会議に諮るなどし、Ｘ市福祉事務所としての方針を明確にしたうえで、Ｈさんに対し、その内容を正確に伝えておく必要があります。当然のことながら、Ｘ市福祉事務所として決定した方針については、ケース記録に記録として残すとともに、福祉事務所長の決裁まで得ておくべきです（いざ生活保護法63条返還金の返還決定の決裁を得る段になって、福祉事務所長が「わしゃ、こんなの聞いとらん。ハンコ押さんで」と言い出した日には、担当ケースワーカーとして立つ瀬がなくなります）。

事例8-② 相続放棄の申述

　令和5年10月23日、Hさんが X 市福祉事務所の窓口を訪ねてきた。Hさんは、井口CWの顔を見るなり、「ちゃんと考えたけど、今さら父親のことにかかわりたくないから、やっぱり相続放棄することにした」と言った。それを聞いた井口CWは、ふと、ちゃんと考えたうえでの判断であれば、それは構わないけど、Hさんは自分一人でちゃんと相続放棄ができるのか、と気になった。そして、そうして気になってみて初めて、井口CW自身、相続放棄の手続について、よくわかっていないことに気がついた。

井口CW「相続放棄のやり方とか、大丈夫ですか？　不安があるなら、弁護士さんに相談してみたらどうですか？」

Hさん　「大丈夫、大丈夫。Lさんに電話したら、すごい親切で、『これに名前書いて実印押して、印鑑証明といっしょに送り返してください』って、書類送ってくれたから。それで、今日は印鑑証明をもらいにきたの。ちゃんとやってるから、安心して」

井口CW「やっぱりいろいろと面倒は面倒なんですね。でも、安心しました。ところで、僕、相続放棄の書類って見たことないんですけど、どんな書類なんですか？」

Hさん　「ちょうど今、持ってきてるから、見せてあげる」

　Hさんから手渡された書類には、「相続分放棄証書」という題名と、「私は、本日、被相続人の相続について、自己の相続分全部を放棄します」という文章が印字がされていて、さらにその印字の下に、日付とHさんの住所・氏名がHさんの字で書かれていた。それを見た井口CWは、へぇ〜、こんなシンプルな書類に署名して印鑑押す

だけで相続放棄ってできるもんなんだ、なんか意外だな、と思った（それが大きな勘違いであることを、後日、井口CWは知ることになる）。

Q 68 ● 相続放棄とは

そもそも、「相続放棄」とは何ですか。

A 68

1 回 答

「相続放棄」とは、相続人が自己のために開始した相続の効果（民法896条）（被相続人の財産に属した一切の権利義務の承継）を否定する意思表示のことをいいます。

相続放棄をした人は、初めから相続人にならなかったものとみなされるため（同法939条参照）、被相続人のプラスの財産（例：預金、不動産）とマイナスの財産（例：借金）、いずれも引き継ぎません。

2 解 説

(1) 相続放棄の方式

相続人が相続放棄をする場合、「自己のために相続の開始があったこと」、つまり、①被相続人が死亡したこと（民法882条）、②自分が相続人であること、この①と②を知った時から 3 か月以内に家庭裁判所にその旨を申し出る（「申述」といいます）必要があります（同法915条 1 項・938条）。

(2)　相続放棄と似て非なるもの

「相続放棄」と似て非なるものとして、「相続分の放棄」や「財産放棄」があります。「相続分の放棄」や「財産放棄」は、相続人が被相続人のプラスの財産を承継する権利を放棄することを一般に指す言葉で、法律上の制度ではありません。「相続分の放棄」や「財産放棄」をしても、その人が相続人であることに変わりはありませんから、法定相続分（民法900条）に従い、被相続人のマイナスの財産を承継します。被相続人のマイナスの財産を引き継ぎたくない場合、相続放棄申述をしなければなりません。

なお、筆者の経験上、相談者が「相続放棄をした」と言って事情を説明するとき、実際には、いわゆる「相続分の放棄」や「財産放棄」をしたか、相談者の取得するプラスの財産をゼロとする内容の遺産分割協議が成立したにすぎないのに、これらを「相続放棄」と誤解している（そのため相続放棄申述は行っていない）ということが往々にしてあります（相続放棄申述に実印や印鑑登録証明書は不要ですから、これらのワードが出たときは確実に誤解をしています）。生活保護利用者が「相続放棄をした」と言うときには、「家庭裁判所に書類を提出しましたか？」と尋ね、間違いなく相続放棄申述を行ったのかを確認することをお勧めします。

Q 69● 相続放棄の申述の手続

相続放棄の申述の手続について、①申述先、②申述に要する費用と書類を教えてください。

A 69

1　回　答

　①申述先は被相続人であるＪさんの最後の住所地を管轄する家庭裁判所です。②申述に要する費用はおおむね1,500円程度ですが、申述人であるＨさんの戸籍謄本や被相続人であるＪさんの住民票の除票など必要書類を取得するために、別途、手間と時間、費用がかかることに留意が必要です。

2　解　説

(1)　申述先

　申述先は「相続が開始した地」（家事事件手続法201条1項）、具体的には、被相続人が亡くなった時にその住民票に記載されていた住所地（最後の住所地）を管轄する家庭裁判所が申述先となります。

　生前、被相続人と交流がなく、被相続人が亡くなった時の住所がわからない場合であっても、自分の戸籍から被相続人の戸籍までを辿ったうえで、被相続人の戸籍の附票を取得すると最後の住所地が確認できます。

　なお、住所地を管轄する家庭裁判所については、裁判所のウェブサイトに掲載されている「管轄区域一覧」等によって確認することができます。

(2)　申述に要する費用と書類

　相続放棄の申述をするにあたり、手数料として800円の収入印紙を納める必要があります。

　加えて、家庭裁判所から申述人に郵便物を送達するための郵便切手（「郵券」ともいいます）を納付する必要があります。納めなければなら

ない郵便切手の総額とその内訳は家庭裁判所によって異なりますので、事前に申述をする家庭裁判所に確認をしてください（家庭裁判所によってはウェブサイト上で案内していますし、ほとんどの家庭裁判所は電話での問合せにも応じてくれます）。

　なお、東京家庭裁判所は総額440円（内訳：110円×4枚）の郵券の予納が必要であるとしていますが（令和6年10月現在）、手続の内容や進行具合により追加の予納を求められることもあります。

　また、相続放棄の申述をするにあたり、相続放棄申述書に添付して、①申述人の戸籍謄本、②被相続人の住民票の除票（もしくは戸籍の附票）、③被相続人の死亡の旨の記載のある戸籍謄本のほか、申述人が被相続人の直系尊属（父母、祖父母等）もしくは兄弟姉妹の場合には、④被相続人の出生時に初めて載った戸籍謄本から死亡の旨の記載のある戸籍謄本まで被相続人が載っている戸籍謄本すべてを提出する必要があります。

Q70● ケースワーカーとして留意すべき事項② ●弁護士につなぐ

　Hさんが一人で相続放棄の申述を行うことができるかが不安です。そのため、弁護士に相談したうえで、その事件処理を依頼するようにと助言をしたいと考えています。助言をするにあたり、留意すべきことがありますか。

A70

1 回 答

　相続放棄の申述には期限がありますので、速やかに弁護士に相談することが何よりも肝要です。

　なお、民事法律扶助を利用して相続放棄の申述の事件処理を弁護士に依頼する場合、相続放棄の申述に要する費用等が「実費等」として法テラスによる立替えの対象となります。生活保護利用者であるＨさんの経済面での負担も踏まえると、弁護士に相談・依頼することを強くお勧めします。

2 解 説

(1) 速やかに相談を〜相続放棄申述の期限

　Ｈさんは、Ｊさんの相続について相続放棄をしようとする場合、自己のために相続の開始があったことを知った時、つまり、Ｊさんの死亡した事実を通知する内容のＬさんからの手紙を受け取った日から３か月以内に行う必要があります（**Q68**参照）。

　他方、Ｈさんが相続放棄の申述の事件処理を弁護士に依頼するにあたり、民事法律扶助（制度のしくみについて、**Q12**参照）の利用を前提とすると、法律相談の申込みをして弁護士が事件処理に着手するまでに１か月は要すると考える必要があります（法律相談から事件処理着手までの流れについて、**Q9**参照）。

　また、相続放棄申述の際に添付して提出しなければならない戸籍謄本等（**Q69**参照）の取得に時間を要することもあり得ます。[11]

　したがって、十分な時間的余裕をみて、速やかに弁護士に相談するよ

う促す必要があります。

(2)　実費等の負担

　相続放棄の申述に要する費用（**Q69**参照）、相続放棄申述書に添付して提出する必要のある戸籍謄本等（**Q69**参照）を取得するための費用については、民事法律扶助を利用して弁護士に事件処理を依頼した場合、実費等として法テラスから受任弁護士に立て替えて支払われます。そして、生活保護利用者であるHさんは、立替金の償還（返済と同じ意味です）の義務の免除申請をすることによって（**Q72**参照）、事実上、経済的負担なく相続放棄の申述を行うことが可能です。

　実費等の負担を考えたとき、生活保護利用者が民事法律扶助を利用して、相続放棄申述の事件処理を弁護士に依頼するメリットは非常に大きいといえます。

Q71● 民事法律扶助〜相続放棄の事件処理の立替金の種類と額の目安

　Hさんは、結局、自分一人では相続放棄の申述に要する書類を揃えることも難しいことから、民事法律扶助（制度のしくみについて、**Q12**参照）を利用したうえで、その事件処理について弁護士に相談・依頼をすることにしたようです。

　Hさんが民事法律扶助を利用して相続放棄の申述の事件処理を弁護士に依頼した場合、法テラスが受任弁護士に対して立て替えて支払い、その後、利用者であるHさんが法テラスに対して返済しなければならない

11　JさんやHさんの本籍地が遠方である場合、戸籍謄本等の取寄せは郵送で行えますが、往復の郵送に要する日数のほか、市区町村役場によっては、請求書が到着後、戸籍謄本等を発送するまでに数日間を要することもあるようです。

費用（立替金）について、その種類と額を教えてください。

A 71

　民事法律扶助を利用して弁護士に事件処理を依頼した場合の立替金の種類と額については、「代理援助立替基準」として法テラスのウェブサイト上に掲載されています。

　そして、相続放棄申述の代理については、次のとおり定められています（令和 6 年 1 月 1 日現在）。

実費等（基準額）	着手金（基準額）	報酬金（基準額）
10,000円〜20,000円	33,000円〜44,000円	なし

　具体的な金額は、事件の性質や事件処理の困難さなどにより変わりますが、実費等 1 万円、「着手金」[12] 3 万3,000円と決定されることが多いようです。

　ですから、H さんが民事法律扶助による援助の申込みをして、仮に実費等 1 万円、着手金 3 万3,000円とする援助開始決定が出た場合、これらの合計 4 万3,000円を法テラスが受任弁護士に対して立て替えて支払います。事件処理が終了しても、「報酬金」[13]は発生しません。

　この法テラスが立て替えて支払った立替金については、原則として、民事法律扶助の利用者である H さんが法テラスに対して分割して償還（返済と同じ意味です）する必要があります。

---

12 「着手金」とは、弁護士に支払われる報酬のうち、弁護士が事件処理に着手する段階で支払われるべきものです。

13 「報酬金」とは、弁護士に支払われる報酬のうち、事件処理終了後、その成果に応じて支払われるべきものです。

　もっとも、Ｈさんは生活保護利用者ですので、事件処理が終わるまでは法テラスに対する立替金の償還義務が猶予され、事件処理が終わった[14]時点でもなお生活保護を利用している場合には、申請により、償還義務が免除される[15]という流れが想定されます。

Q72● ケースワーカーとして留意すべき事項③ 事件処理終了後の償還免除申請

　Ｈさんから、「相続放棄が終わった」との報告を受けました。

　事件処理が終了したことを受け、Ｈさんの担当ケースワーカーとして、留意すべき事項がありますか。

A72

　相続放棄申述が受理されると、受理した家庭裁判所から申述人に対し、「相続放棄申述受理通知書」が交付されます。担当ケースワーカーとして、Ｈさんから「相続放棄受理通知書」の提示を受け、間違いなく相続放棄申述の手続を終えているかを確認すべきです。

　加えて、事件処理終了後、Ｈさんは、法テラスが立て替えた費用（立替金）（**Q71**参照）の償還（返済と同じ意味です）の義務の免除を受けるためには、法テラスの本部に対して「償還免除申請書」を提出しなければなりません。そして、この「償還免除申請書」には生活保護受給証明書（免除申請前３か月以内に発行されたもの）を添付する必要があります。

14　業務方法書31条１項１号。

15　業務方法書65条１項１号。

　事件処理終了後1か月以上経っても、Hさんが生活保護受給証明書の交付申請のためにX市福祉事務所の窓口を訪ねてこない場合、この償還免除申請の手続を失念してしまっている可能性があります。その場合、担当ケースワーカーとしては、Hさんに連絡をして、償還免除申請の手続の進捗を確認し、まだ申請していないようであれば、速やかに申請を行うよう助言すべきと考えます。また、償還免除申請の結果は、Hさんに対して書面で通知がされます。この通知の提示を受け、償還免除の決定を受けたことの確認も忘れずに行ってください（償還免除申請の手続について、**Q26**参照）。

第9章

生活保護利用者と刑事手続

事例9-① 逮　捕

　　X市福祉事務所の井口CWの１日の業務は、地方紙の地域欄に目を通すことから始まる。

　　令和５年11月21日、この日もいつもと同じように地域欄を眺めていたところ、「県内ニュースファイル」という記事の中にＩさんの名前を見つけた。

　　Ｉさんは、60歳代の男性で、令和３年10月以降、X市で単身、生活保護を利用しており、井口CWが担当をしている。Ｉさんは、市営住宅に住んでいて、５匹の猫を飼っているのだが、「鳴き声がうるさい」「糞尿の臭いがする」といった近隣住民の苦情が市営住宅課のみならず福祉事務所にまで寄せられており、井口CWはその対応に苦慮していた。そもそも、X市の市営住宅ではペットの飼育が禁止されているため、「飼い猫は保健所に引き取ってもらいましょう」「大事に飼ってくれる里親を見つけてくれるはずですよ」と、粘り強くＩさんを説得し、何とか了承を得て、ちょうど明日、令和５年11月22日に、井口CWがＩさん宅を訪問し、飼い猫の引取依頼書に署名をもらう段取りとなっていた。

県内ニュースファイル

【逮捕】20日、傷害の疑いで、X市W町、無職Ｉ容疑者（64）。20日午前９時ごろ、市内の公園休憩所で同市の無職男性（51）の胸ぐらをつかんで押す暴行を加えて転倒させ、全治７日間の後頭部打撲のけがを負わせた疑い。「けがをさせるつもりはなかった」などと容疑を一部否認している。

（X署）

　記事によると、I さんは、昨日令和 5 年11月20日、傷害事件を起こして逮捕されたらしい。記事を読んだ井口CWは、「次から次へと問題を起こして、やっと解決するかと思ってたのに……。どういうこと？　どうなってんだよ」と独り言ちして、深いため息をついた。

Q73● 逮捕の要件

　　　　　　生活保護利用者が犯罪を犯してしまうことはたまにあるのですが、逮捕される人と逮捕されない人がいるような気がします。

　逮捕する、逮捕しないについて、何か基準があるのでしょうか。

A73

1　回　答

　逮捕の要件は、①被疑者[16]が罪を犯したことを疑うに足りる相当な理由があること（逮捕の理由）、②明らかに逮捕の必要がないとまではいえないこと（逮捕の必要性）、と定められています。

　ですから、この①と②の要件いずれも満たす場合に、被疑者が逮捕されることになります。

　なお、被疑者が逮捕された段階では、その被疑者が本当に犯罪を犯したか否かは明らかではありません。「疑うに足りる相当な理由」がある

16　「被疑者」とは、犯罪の嫌疑を受けて捜査の対象となっているものの、まだ起訴をされていない立場の人のことをいいます（報道では、「容疑者」と呼ばれることが多いです）。被疑者が起訴されると、「被告人」と呼ばれることになります。

だけです。生活保護利用者が逮捕されたとしても、「犯罪者」と決めつけるような対応は慎むべきです。

2　解　説

(1)　逮捕の理由

　捜査機関は、被疑者が罪を犯したことを疑うに足りる相当な理由があるときに、裁判官の発する逮捕状により、被疑者を逮捕することができる、とされています（刑事訴訟法199条 1 項）。そして、ここでいう「相当な理由」とは、捜査機関の単なる主観的嫌疑では足りず、証拠資料に裏づけられた客観的・合理的な嫌疑でなければならない、と考えられています。[17]

　捜査機関は、この人が犯罪をしたのではないか、何となく怪しいなと勘（主観的嫌疑）を働かせて捜査を進め、目撃者の証言であったり、防犯カメラの映像であったり、証拠資料を集めて、なるほど証拠資料に基づく限り、確かに被疑者が犯罪を犯したと疑うに足りるだけの相当の理由がありそうだという段階にまで達すると、裁判官に対して逮捕状の請求をするか否かを検討します。

　なお、一般の人が「逮捕」という言葉から想起するイメージは、「太陽にほえろ！」「あぶない刑事」「火曜サスペンス劇場」「踊る大捜査線」「名探偵コナン」「相棒」など、さまざまなテレビ番組から着想を得たものだと思われます。これらのテレビ番組の中では、警察官（あるいは探偵）が捜査をして、犯人を突き止め、「犯人はお前だ！」と喝破し、犯人は動機からトリックからすべて洗いざらい吐いて泣き崩れるか開き直って暴れるかして、番組内の登場人物も視聴者も、あいつが犯人で間

17　大阪高判昭和50・12・ 2 判タ335号232頁。

違いない、そう確信したときに「逮捕」がされます。ですが、現実の世界では、被疑者が罪を犯したと疑うことに相当の理由がある、その程度の嫌疑で逮捕されるのだということを理解して対応する必要があります。

⑵　逮捕の必要性

　被疑者が罪を犯したことを疑うに足りる相当な理由があるとして、捜査機関が逮捕状を請求しても、被疑者が逃亡するおそれがなく、かつ、犯罪の証拠を隠滅するおそれがないなど、明らかに逮捕の必要がないと認めるときは、裁判官は逮捕状の請求を却下しなければならない（刑事訴訟規則143条の３）とされています。

　たとえば、被疑者が犯したと疑われている罪がどう考えても実刑になりようがない軽微なもので、かつ、被疑者が定職に就いて、養っている配偶者や子がいる場合など、これらの生活を投げ出して被疑者が逃亡するとは、およそ考えられません。

　また、捜査機関は被疑者が事件関係者に働きかけをして証拠（関係者による証言）を隠滅するおそれがあると考えることが多いのですが、被疑者と被害者や目撃者との間に面識がなく住所も連絡先も知らない場合、被疑者は被害者らに接触をする術をもちません。また、単独犯の場合には口裏合わせをする共犯者もいません。このような場合、犯罪の証拠を隠滅するおそれがないといえます。

　もっとも、逮捕状の請求を受けた裁判官は、「明らかに逮捕の必要性がないか否か」を判断するにすぎません。したがって、裁判官が、逮捕の必要性がないかもしれない、そう疑問に思ったとしても、明らかに逮捕の必要性がないと判断できない限り、逮捕状を請求した捜査機関の意向を尊重して逮捕状を発布しなければならないものと理解されています。[18]

18　松本時夫ほか編『条解刑事訴訟法〔第５版増補版〕』（弘文堂、2024年）420頁。

したがって、捜査機関が逮捕状を請求した場合に、逮捕の必要性がないことを理由に裁判官が請求を却下することは、現実にはほとんどない、と思われます。

Q74 ● 逮捕後の手続の流れ

　Ｉさんが逮捕された後は、どのような流れで手続が進むのでしょうか。また、逮捕されたＩさんの身体は、いつ解放されるのでしょうか。

A74

1　回　答

　Ｉさんが逮捕された後、さらに身体を拘束したまま捜査を継続する必要があると判断されると、逮捕後72時間以内に「勾留」という次の手続へと進みます。

　勾留の手続では、原則10日間（延長された場合は最長20日間）の身体の拘束が認められており、その間に、検察官は、Ｉさんに関し、不起訴、処分保留釈放、略式起訴、起訴（公判請求）のいずれかを選択します。

　このうち不起訴、処分保留釈放、略式起訴が選択された場合には、勾留期間が徒過する前にＩさんの身体が解放されます。

　他方、起訴（公判請求）が選択された場合、Ｉさんは、身体を拘束されたまま、公開の法廷での審理手続（「公判」といいます）を経て、判決言渡しを受けることになるものと思われます。公判段階で身体が拘束されていても、無罪、罰金もしくは執行猶予付きの有罪判決が言い渡され

た場合には、判決言渡し後すぐに身体が解放されます。

2 解 説

(1) 逮 捕

「逮捕」とは、逃亡や証拠の隠滅を防止することを目的に行われる、被疑者の身体を強制的に拘束する処分のことをいいます（①）。逮捕によって被疑者の身体を拘束することができるのは最長で72時間までです（刑事訴訟法203条1項・205条）。

検察官は、さらに被疑者の身体を拘束したまま捜査を継続する必要があると考える場合、裁判官に対して「勾留」を請求します。

(2) 勾 留

検察官による「勾留」の請求を受けた裁判官は、罪を犯したと疑うに足りる相当な理由があることに加えて、ⓐ住居不定、ⓑ証拠を隠滅すると疑うに足りる相当な理由がある、ⓒ逃亡をすると疑うに足りる相当な理由があるのいずれかを満たす場合に、勾留の決定をします（刑事訴訟法207条1項・60条1項）（②）。

勾留の決定がされると、検察官が勾留の請求をした日から数えて10日間、引き続き被疑者の身体拘束が認められます（刑事訴訟法208条1項）。多くの場合、検察官がこの期間の延長を請求し、さらに10日以内の期間を定めて延長が認められます（同条2項）。ですから、この勾留の手続では、最長20日間の身体拘束が認められることになります。

(3) 検察官による処分

勾留されている被疑者に関し、検察官のとり得る選択肢としては、不

---

19 起訴された場合、「保釈」（刑事訴訟法89条・90条・91条）が認められると、保釈保証金を納付することによって、身体が解放されます。もっとも、生活保護利用者がこの保釈保証金を納付することは、およそ不可能であろうと思われます。

起訴（③）、処分保留釈放（④）、略式起訴（⑤）、起訴（公判請求）（⑥）の四つが考えられます。

㋐　不起訴

捜査の結果、犯罪の嫌疑が不十分である、あるいは、犯罪の事実は間違いないとしても、被害者との示談が成立するなどして、もはや刑事処罰を科す必要性がなくなったと判断した場合は、検察官が不起訴処分をして、被疑者の身体は解放されます（③）。

㋑　処分保留釈放

捜査や、被疑者と被害者の示談交渉などが継続しているものの、勾留期間中（最長20日間）にその結論を出すことが困難な場合、いったん処分を保留したままで被疑者の身体が解放され、その後、捜査や示談の結果を待って検察官が処分（不起訴、略式起訴もしくは起訴）を決めることがあります（④）。

㋒　略式起訴

「略式起訴」とは、略式命令を求める起訴のことです（⑤）。

検察官が略式起訴を選択し、簡易裁判所に対して申立てをすると、被疑者に対して、公判手続を経ることなく100万円以下の罰金または科料を科す裁判（略式命令）が言い渡されます（刑事訴訟法461条）。この一連の手続を「略式手続」といいます。

窃盗、傷害など簡易裁判所が第一審の裁判権を有する罪（裁判所法33条１項２号）であり、100万円以下の罰金または科料を科すことが相当な事案であること、また、略式手続によることについて被疑者に異議がないこと（刑事訴訟法461条の２）が要件となります。

検察官が略式起訴すると、その日のうちに略式命令が言い渡され、その後速やかに、被疑者の身体が解放されます。

(エ) 起訴（公判請求）

　起訴されると、「被疑者」は「被告人」と呼ばれるようになり、公開の法廷での審理手続（公判）を待つことになります（⑥）。

　殺人、強盗致傷などの重大事件ではなく、かつ、特に事実に争いがない場合、通常、起訴からおおむね50日後に第１回の公判期日（⑦）が指定されます。そして、審理は第１回の公判期日で終結し、その１週間〜２週間後をめどに判決言渡し期日（⑧）が指定されます。他方で、重大事件の場合や、被告人が起訴された事実を争う場合など、何度も公判期日を重ねることもあります。

　公判段階で被告人の身体が拘束されていても、無罪、罰金ないし執行猶予付きの有罪判決が言い渡された場合、判決言渡し後直ちに身体が解放されます。

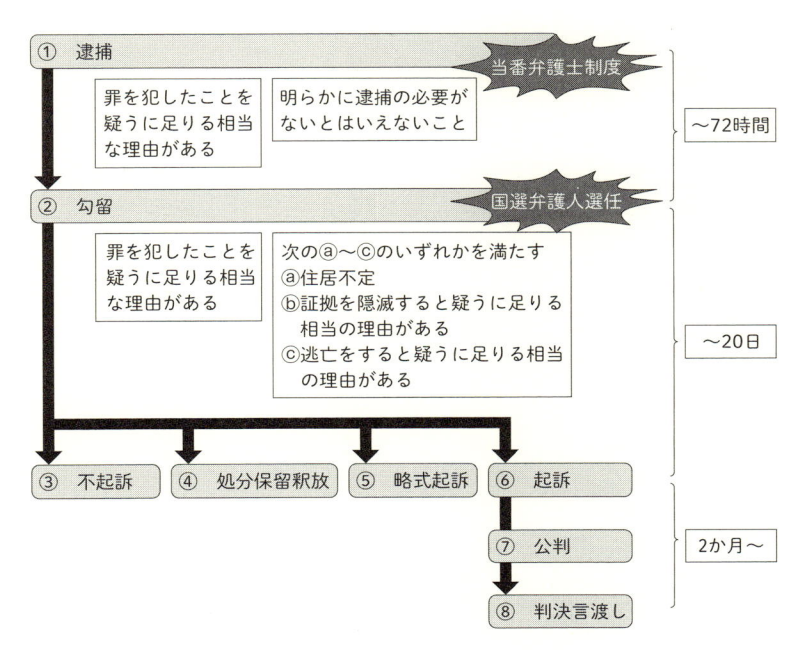

Q75● 弁護人の選任

　Ｉさんが逮捕された場合、どの段階でＩさんに弁護士が就くのでしょうか。

A75

1　回　答

　まず、Ｉさんが逮捕されてすぐに当番弁護士制度を利用し、面会にきた弁護士に刑事弁護を依頼することが考えられます。生活保護利用者であるＩさんには弁護士費用を負担するだけの経済的な余裕はないものと思われますが、刑事被疑者弁護援助事業を利用することで、金銭的な負担なく弁護人[20]を選任することができる場合があります。

　次に、逮捕の段階では弁護人を選任していなくても、勾留の決定がされると、Ｉさんの請求に基づき、国選弁護人（自ら費用負担できない被疑者・被告人のために裁判官が選任する弁護人）が選任されます。

　ですから、Ｉさんが当番弁護士制度、刑事被疑者弁護援助事業を適切に利用した場合には、逮捕されたその日のうちに、そうではない場合であっても、勾留決定がされた日もしくはその翌日には、Ｉさんのために弁護人が選任されているものと思われます。

20　「弁護人」とは、刑事手続上、被疑者・被告人の正当な利益を保護する役割を担う者のことをいい、原則として、弁護士の中から選任されます（刑事訴訟法31条）。

2　解　説

(1)　当番弁護士制度と刑事被疑者弁護援助事業

　当番弁護士制度とは、弁護士会（単位会）（**Q 7** 参照）の行っている事業で、1回限り無料で弁護士が派遣される制度です。刑事手続の説明、防御手段等に関するアドバイスを受けることができるほか、弁護を依頼することもできます。被疑者本人もしくはその親族らが申込みをすると、当番弁護士が本人の留置されている場所（例：警察署）へと面会に赴きます。

　また、被疑者が当番弁護士に弁護を依頼する場合、原則として、弁護士費用は被疑者本人が負担する必要がありますが、弁護士費用を自ら負担する経済的余裕がない場合（原則として、現金、預金その他の流動資産の合計が50万円未満であること）、「刑事被疑者弁護援助事業」を利用することができます。

　この刑事被疑者弁護援助事業は、日本弁護士連合会が行っている事業で、身体を拘束された刑事被疑者のために、接見とアドバイス、警察官・検察官との折衝、被害者との示談交渉、その他被疑者段階の刑事弁護活動一般を行う弁護士に、依頼者に代わって日本弁護士連合会が弁護士費用を支払う制度のことをいいます。[21]

(2)　国選弁護人

　逮捕されて身体を拘束されている被疑者について、勾留の決定がされると、「被疑者が貧困その他の事由により弁護人を選任することができないときは」被疑者の請求に基づき、裁判官が国選弁護人を選任するこ

21　日本弁護士連合会「刑事弁護に関する制度のご紹介」〈https://www.nichibenren.or.jp/activity/criminal/keijibengo/seido.html〉（2024年 1 月24日閲覧）。

ととされています（刑事訴訟法37条の２第１項）。被疑者が自ら弁護士費用を負担して弁護人を選任できないものと判断される「貧困」とは、被疑者の所持する現金、預金その他の流動資産が50万円未満の場合をいいます（同法36条・36条の２・36条の３第１項、刑事訴訟法第36条の２の資産及び同法第36条の３第１項の基準額を定める政令１条・２条）。

　なお、被告人が有罪判決の言渡しを受けた場合、国選弁護人の報酬を含む「訴訟費用」について、原則として、被告人が負担する必要があります（刑事訴訟法181条１項本文）。もっとも、被告人が生活保護利用者である場合、「被告人が貧困のため訴訟費用を納付することができないことが明らかであるとき」にあたるとして、その負担を求められることは、ほとんどないものと思われます（同項ただし書）。

Q76 ● 弁護人の特定

　　　　　Ｉさんのために弁護人が選任された場合、誰がＩさんの弁護人を務めているのかを知る方法がありますか。

A76

　弁護士会、Ｘ警察署、裁判所、検察庁などの関係各機関に対してＩさんの弁護人について問合せをしたとしても、これらの機関の職員はそれぞれ守秘義務を負いますから、回答は得られないはずです（そもそも、Ｉさんが逮捕・勾留されたか否か、弁護人が選任されたか否かすら、答えてはくれないはずです）。Ｉさんから聴取するほか、Ｉさんの弁護人本人からの連絡を待つほかありません。

Q77● 被疑者の留置場所

　飼い猫の引取りについて、Ｉさんと早急に話合いをしたいと考えています。

　Ｉさんはどこに身体拘束（留置）されているのでしょうか。また、Ｉさんの留置場所を知る方法はありますか。

A77

　県内ニュースファイルの記事を読む限り、Ｉさんの傷害事件の捜査を担当しているのはＸ警察署です。そして、一般論としては、身体拘束されている被疑者は、捜査を担当している警察署の署内にある留置施設に留置されていることが多いといえます（ただし、捜査を担当している警察署の署内に留置施設がないなどの理由で、捜査を担当している警察署と、被疑者が留置されている警察署が異なることも、ままあります）。

　そのため、ＩさんはＸ警察署の署内にある留置施設に留置されている可能性が高いと思われます。

　もっとも、Ｘ警察署を含む周辺の警察署、裁判所、検察庁などの関係各機関に対してＩさんの留置場所について問合せをしたとしても、これらの機関の職員はそれぞれ守秘義務を負いますから（地方公務員法34条1項、国家公務員法100条1項）、回答は得られないはずです（そもそも、Ｉさんが逮捕・勾留されているか否かすら、答えてはくれないはずです）。

Q78● 警察署内の留置施設での面会の可否

　ＩさんがＸ警察署内の留置施設に留置されている可能性が高

いことから、とりあえず X 警察署の留置管理課を訪ねてみることにしました。

　仮に I さんが X 警察署内の留置施設に留置されている場合、I さんと面会することができますか。

A78

　逮捕（**Q74**参照）の段階では、弁護人または弁護人を選任することができる者の依頼により弁護人となろうとする者（当番弁護士（**Q75**参照）を含みます）以外、留置されている被疑者との面会は認められていません[22]。

　ですが、勾留（**Q74**参照）の段階になると、接見禁止決定がされていない限り、弁護人でなくても被疑者と面会をすることができます（刑事訴訟法207条1項・80条・81条）。接見禁止決定がされている場合には、弁護人を通じて接見禁止一部解除の申立てなどを行う必要があります。

　なお、通常、逮捕の日の翌日もしくは翌々日に勾留請求・決定がされ、勾留手続に入ります。

　ですから、井口CWが I さんとの面会を希望する場合、逮捕の日である令和5年11月20日の翌々日以降に、X 警察署の留置管理課を訪ねるとよいと思います。

22　刑事訴訟法209条は、勾留されている被告人に弁護人以外の者との接見交通を認める規定である同法80条を、逮捕状による逮捕について準用していません。

Q79● 警察署内の留置施設での面会に関する 決まり事

警察署内の留置施設に留置されている被疑者と面会をするにあたり、受付時間等の決まり事はありますか。

A79

弁護人以外の人が警察署内の留置施設で被疑者・被告人と面会をするにあたり、各警察署は、受付時間、面会に関する注意事項や面会者が遵守すべき事項を定めています。これらをウェブサイト上で公開している警察署も多いと思いますので、まずは確認することをお勧めします。

なお、筆者の事務所の最寄りのむつ警察署では、受付時間は、月曜日から金曜日の午前9時30分から午前11時30分までと、午後1時から午後4時30分までで、土曜日・日曜日、祝日、年末年始は面会は不可とされています。

また、面会に関する注意事項として、①面会回数は、留置されている被疑者・被告人からみて1日1回（たとえば、被疑者がその日のうちにすでに知人と面会をしている場合、その後で親族が面会に来ても面会はできない）、②面会時間は15分以内、③面会は一度に3人まで、などがあげられており、④面会中、録音機やカメラ、スマートフォン、パソコンの使用が禁止されています。

事例9-② 罰金と実刑

　令和5年11月22日、井口CWは、Ⅰさんが同月20日付けで逮捕されたことを受け、翌21日以降のⅠさんの最低生活費を計上しない（生活保護費を支給しない）ための事務処理を行った（問答集第1編7-15）。その後、逮捕されたⅠさんがX警察署の警察署内の留置施設に留置されている可能性が高いと推理し、ダメ元でX警察署に出向いた。そして、X警察署の留置管理課にⅠさんとの面会を希望する旨伝えてみたところ、推理は大当たり、ⅠさんがX警察署に留置されていることがわかった。もっとも、Ⅰさんに対して接見等禁止決定がされているため、弁護人以外は面会ができない、とのことだった。

＊

　令和5年11月24日、井口CWは河本弁護士からの電話を受けた。河本弁護士が言うには、河本弁護士がⅠさんの国選弁護人に選任され、X警察署で接見をしたところ、Ⅰさんが飼い猫の引取りの件で井口CWとの面会を希望しているらしい。

　それを聞いた井口CWは、Ⅰさんが飼い猫の引取りのことを忘れずにいてくれたことにホッとすると同時に、2日前にX警察署に赴いたときのことを思い出した。

井口CW「実は、2日前、Ⅰさんに面会するためにX署に行ったんですよ。そうしたら、接見禁止がついてるから、面会はできませんって言われて」

河本㋫「接見禁止のこと、Ⅰさんは僕に何も言ってなかったな。接見禁止か……。この種の事件で接見禁止がつくことがあるのか？　でも、事情はわかりました。僕の方で、接見禁

止の一部解除の申立てをしてみます。生活保護のケース
ワーカーであれば、問題なく一部解除は認められると思い
ます。一部解除が認められたら、連絡しますので、その後、
もう一度、面会に行っていただけませんか？」
井口CW「そんなことができるんですね。こちらこそ、助かります。
ところで、この後、Ｉさんがどうなるかわかりますか？
刑務所にいくことになるんですかね？」

Q80● 弁護人との連携

　担当ケースワーカーとしては、Ｉさんの弁護人である河本弁
護士と連携をして刑事手続の進捗等の情報を共有したり、河本弁護士を
通じてＩさんに伝言をしたりＩさんからの伝言を預かったりできるとあ
りがたいと考えています。

　ですが、このような福祉事務所の職員との連携を弁護人にお願いして
もよいものなのでしょうか。

A80

1　回　答

　被疑者・被告人の同意があることが大前提ではありますが、多くの弁
護人は、過度の負担とならない限り、福祉事務所の職員との連携も弁護
人の果たすべき役割の一つであると考え、無下に拒絶したりはしないは
ずです。ダメ元の精神で、ぜひ、積極的に弁護人との連携を試みてくだ
さい。

2　解　説

　弁護人の任務は、刑事手続上、被疑者・被告人の正当な利益を保護することです。

　そして、日本弁護士連合会は、弁護人の役割について、最も重要な役割はえん罪の防止であり、多くの人が被疑者・被告人が犯罪を行ったと思っている状況でも、無罪の可能性を追求することだとしています。また、仮に罪を犯したのだとしても、行き過ぎた刑罰が科されたり、違法な手続が見逃されたりしないようにするため、被疑者・被告人の立場から、意見を述べ、証拠を提出したりすることも弁護人の役割としています[23]。

　もっとも、これらの弁護人の役割を果たすためには、被疑者・被告人の感じている不安の解消に努め、被疑者・被告人と信頼関係を構築することが不可欠です。そのため、個々の弁護人の判断による部分も大きいとは思いますが、家族への伝言、雑誌の差入れなど、一見、刑事手続に関係のなさそうな被疑者・被告人からの要望に対応することも、広く弁護人が果たすべき役割の一つだということもできます。

　ですから、被疑者・被告人が福祉事務所の職員とかかわることが、被疑者・被告人の身体解放後の生活環境の調整につながる場合は当然のこと、必ずしもそうとはいえない場合であっても、そのことによって被疑者・被告人の不安が解消される場合には、そのために福祉事務所の職員と連携をすることも、弁護人の役割に含まれると考えることができます。

23　日本弁護士連合会「弁護士の使命と役割」〈https://www.nichibenren.or.jp/legal_info/lawyer/mission.html〉（2024年 2 月27日閲覧）。

Q81● 罰金の納付

　　　　　河本弁護士によると、Ｉさんは略式起訴（**Q74**参照）される可能性もあるようです。

　仮にＩさんに罰金刑を科す略式命令がされた場合、その罰金はいつまでに納める必要があるのでしょうか。また、一括で罰金を納付できない場合、分割して納付をしたり、納付期限を延期してもらうことは可能でしょうか。

A81

1　回　答

　略式命令がされた場合、罰金の納付期限は、その告知を受けた日の翌日から数えて14日よりも後の日に設定されます。

　また、分割納付、納付期限の延期は認められないものと思われます。

2　解　説

(1)　罰金の納付期限

　検察官が略式起訴をすると、その日のうちに、略式命令がされて、その告知を受けます。この告知を受けた後、被告人の身体は速やかに解放されます。

　そして、後日、検察庁から納付義務者（被告人）の下に罰金の納付書が郵送されるはずです。

　納付書には納付期限も記載されていますが、納付期限は少なくとも略式命令の告知を受けた日の翌日から14日よりも後に設定されることにな

ります。というのも、略式命令の告知を受けた日の翌日から数えて14日が経過するまでは、略式命令はまだ確定しておらず、異議を申し立てて、正式な刑事裁判の手続によって犯罪事実を争うことができるためです（刑事訴訟法465条 1 項・55条 1 項）。

したがって、納付義務者は、少なくとも略式命令の告知を受けた日から数えて14日が過ぎるまでは、罰金を納付する必要はありません。

(2)　罰金の分割納付、納付期限の延期

納付義務者からの申出に基づき、分割での納付や納付期限の延期が認められる余地が全くないわけではないようです[24]。

もっとも、筆者は、生活保護を利用しているため罰金を納付する経済的余裕がないといった事情を理由に、分割での納付や納付期限の延期が認められた例を知りません。

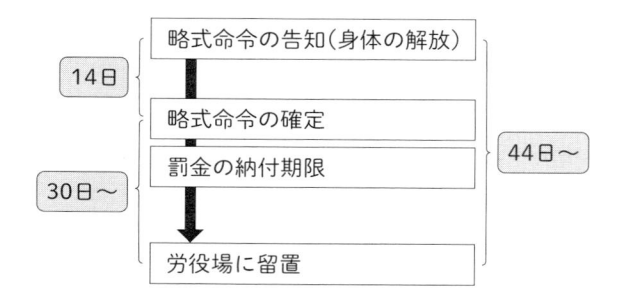

Q82● 罰金を納付できない場合

Ｉさんが略式命令（罰金刑）を受けたものの、納付期限までに罰金を納めることができなかった場合、どうなるのでしょうか。

24　徴収事務規程（平成25年 3 月19日法務省刑総訓第 4 号）16条・17条参照。

A 82

　略式命令に限らず罰金刑の罰金を完納できない場合には、刑務所や拘置所に併設されている労役場（刑事収容施設及び被収容者等の処遇に関する法律287条1項）に留置されることになります（刑法18条1項）。

　罰金刑の場合、「罰金20万円、これを完納できないときは、5,000円を1日に換算した期間、労役場に留置する」というように、罰金を完納できない場合に労役場に留置される期間がわかる形で言渡しがされます（刑法18条4項）。罰金20万円を1日5,000円換算で計算すると、40日間（20万円÷5,000円＝40日）、労役場に留置されることになります。

　通常、罰金の納付書に記載された納付期限までに罰金を納付しないと、督促状が送られ、それでも納付しない場合、日時を指定して検察庁に呼び出されます。そして、その呼び出しに応じて出頭すると、そのまま労役場に連れていかれて留置されることになります。

　なお、労役場に留置される日時ですが、納付義務者が同意しない限り、罰金刑が確定した日（略式命令の告知を受けた日の翌日から数えて14日が経過した日）からさらに30日が経過しない限り、労役場に留置されることはありません（刑法18条5項）。したがって、略式命令の告知を受けた日の翌日から数えると、44日以上は労役場に留置されるまでに準備して備える期間があることになります。

　いずれにせよ、労役場に留置される場合、いつ留置されるかも、そこから留置される期間も事前にわかるのですから、担当ケースワーカーとして、Ｉさんと連絡を密にとり、情報を共有しておくことが重要です。

Q83● 実刑判決後の服役先
〜国選弁護人の任務の終了時期

　結局、Ｉさんは起訴され、その後、公判手続を経て、有罪の実刑判決が言い渡されました。

　今後、Ｉさんの生活保護を廃止するための手続をとるにあたり、Ｉさんが服役する刑務所を知る必要があります。Ｉさんの服役先について国選弁護人である河本弁護士に尋ねた場合、教えてもらえるものでしょうか。

A83

1　回　答

　河本弁護士がＩさんの服役先について把握している可能性は低いと思われます。

　なお、Ｉさんの服役先を把握したい場合、Ｉさんが実刑判決の言渡しを受けた後、速やかに、宛先をＸ市福祉事務所とする返信用封筒（切手貼付もしくは料金受取人払い）と便せんをＩさんの留置場所に差し入れたうえで、Ｉさん本人に対し、服役先の刑務所に送致された後、そこから手紙を書いて送るよう伝えておくとよいかもしれません。

2　解　説

　被疑者段階で選任された国選弁護人（被疑者国選弁護人）は、準抗告等によって勾留請求が却下され被疑者の身体が解放された場合のほか、不起訴、処分保留釈放もしくは略式起訴によって被疑者の身体が解放さ

れると、任務を終了します。

　身体が解放されないまま、被疑者が起訴された場合には、そのまま引き続き被告人国選弁護人となります。そして、被告人国選弁護人になると、公判期日、判決言渡しがされ、判決言渡し日の翌日から数えて14日が経過して判決が確定するか（刑事訴訟法373条・55条1項）、被告人が控訴をすると、その任務を終えます（同法32条2項）。担当する被告人が実刑判決を受けた場合、判決が確定した後、服役する刑務所が決まり、送致されることになりますが、いずれも国選弁護人としての任務を終えた後のことです。判決が確定して任務を終えた国選弁護人は、通常、被告人と連絡をとりませんし、そのため、被告人が服役する刑務所も把握はしていません。

あ と が き

　本書を最後まで読んでくださり、ありがとうございました。

　2023年（令和５年）３月まで法テラスむつ法律事務所でいっしょに働いていた眞鍋弁護士から声をかけていただき、私も本書の執筆に携わることとなりました。

　ケースワークについての知識をほとんど持ち合わせていない私がいろいろと口を出したおかげで（？）　弁護士にとっても勉強となる内容に仕上がったと思っています。

　これまで、弁護士サイドには、漠然とした「行政への警戒心」というようなものが邪魔をしているのか、ケースワーカーと積極的に連携をしていこうという姿勢は、あまりみられてこなかったように思います。逆に、ケースワーカーの中には、弁護士から連絡がくるだけで何となく構えてしまう、という方も、多くいらっしゃるのではないでしょうか。

　本書が、互いの業務についての理解を深め、生活保護利用者へのより良い支援のために手を携える土壌がつくられていく一助となれば、幸いです。

　とはいえ、いきなり具体的な事案で情報を出し合うのは、抵抗があるかもしれません。まず、双方に対する信頼関係が醸成されることが重要だと考えます。

　青森県むつ市では、最近、眞鍋弁護士の発案で、福祉事務所と弁護士との合同勉強会が定期的に開催されているようです。

　多くの弁護士会（単位会）には、生活困窮者の支援に取り組む委員会が設置されていますので、委員会を連携の足がかり・窓口とすることができると思います。あるいは、法テラスへご連絡いただければ、地域の実情に応じて、適切な窓口をご案内することができるのではないかと思

います。

　福祉と司法との連携が各地に広がっていくことを願っています。

　2024年（令和6年）12月

　　　　　　　　　　　　　　　　　　　小山田　友希

◎事項索引◎

◎判例索引◎

◎執筆者紹介◎

眞鍋　彰啓（法テラスむつ法律事務所）

〔経歴等〕1999 年関西大学法学部法律学科卒業、2006 年司法修習生（60 期）、2007 年千葉県弁護士会登録、2017 年直方市役所に勤務、福岡県弁護士会登録、2022 年法テラスむつ法律事務所に勤務、青森県弁護士会登録。千葉県弁護士会社会福祉委員会副委員長、同会民事介入暴力被害者救済センター副委員長、日本弁護士連合会貧困対策本部委員、第 56 回人権擁護大会シンポジウム「『不平等』社会・日本の克服──誰のためにお金を使うのか」実行委員、第 80 回民事介入暴力対策千葉大会実行委員等を務める。

〔著　書〕（いずれも共著）『早わかり！　千葉県暴力団排除条例』（千葉県弁護士会発行、2012 年）、『慰謝料算定の実務〔第 2 版〕』（千葉県弁護士会編、ぎょうせい、2013 年）、『生活保護の実務最前線 Q&A──基礎知識から相談・申請・利用中の支援まで』（福岡県弁護士会生存権擁護・支援対策本部編、民事法研究会、2020 年）、『失敗事例に学ぶ生活保護の現場対応 Q&A』（民事法研究会、2021 年）

小山田　友希（法テラス函館法律事務所）

〔経歴等〕2017 年東京大学法学部第一類卒業、2018 年司法修習生（72 期）、2019 年仙台弁護士会登録、2021 年法テラスむつ法律事務所に勤務、青森県弁護士会登録、2023 年法テラス函館法律事務所に勤務、函館弁護士会登録。

弁護士とケースワーカーの連携による
生活保護の現場対応Q&A

2025年1月23日　第1刷発行

編 著 者　眞　鍋　彰　啓
発　　　行　株式会社　民事法研究会
印　　　刷　文唱堂印刷株式会社

発売所　株式会社　民事法研究会
〒150-0013　東京都渋谷区恵比寿3-7-16
〔営業〕TEL 03(5798)7257　FAX 03(5798)7258
〔編集〕TEL 03(5798)7277　FAX 03(5798)7278
https://www.minjiho.com/　info@minjiho.com

実務で頻繁に遭遇する事例を取り上げ、図・表等を織り込み解説！

生活保護の 実務最前線Q＆A

——基礎知識から相談・申請・利用中の支援まで——

福岡県弁護士会生存権擁護・支援対策本部　編

A 5 判・421 頁・定価 4,620 円（本体 4,200 円＋税 10％）

▶生活保護の利用に係る要件、63 条返還・78 条徴収や世帯認定の基準から、相談・申請・利用中の支援までを 100 問の具体的な設問をとおしてわかりやすく解説！

▶設問ごとに、生活保護手帳・別冊問答集、次官通知・局長通知・課長通知の該当箇所が表示されているので、生活保護利用の支援に携わる法律専門家・福祉専門家、自治体関係者等の実務に至便！

▶実務上の留意点、運用の実情を収録した、生活保護の実務運用に最適の 1 冊！

本書の主要内容

序　章　S弁護士奮闘記——日常業務と生活保護のかかわり
第 1 章　相談への対応（Q 1 〜Q 6 ）
第 2 章　生活保護の申請（Q 7 〜Q 18）
第 3 章　申請に伴う調査（Q 19 〜Q 24）
第 4 章　生活保護の要件——資産能力等の活用（Q 25 〜Q 48）
第 5 章　保護利用中の支援（Q 49 〜Q 67）
第 6 章　収入認定と 63 条返還・78 条徴収（Q 68 〜Q 81）
第 7 章　世帯認定（Q 82 〜Q 88）
第 8 章　保護の停止・廃止（Q 89 〜Q 91）
第 9 章　刑事弁護と生活保護（Q 92 〜Q 94）
第10章　外国人と生活保護（Q 95 ・Q 96）
第11章　災害と生活保護
第12章　生活保護と争訟（Q 97 〜Q 100）

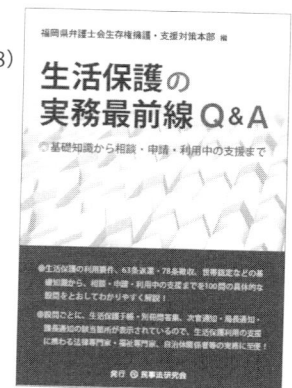

発行　民事法研究会

〒 150-0013　東京都渋谷区恵比寿 3-7-16
（営業）TEL. 03-5798-7257　　FAX. 03-5798-7258
http://www.minjiho.com/　　info@minjiho.com

生活保護の違法・不当な運用を正すための実践的手引書！

生活保護法的支援ハンドブック〔第2版〕

日本弁護士連合会貧困問題対策本部　編

A5判・467頁・定価 3,960 円（本体 3,600 円＋税 10％）

▶生活保護のしくみ・基礎知識から、違法・不当な運用を争う際の論点、審査請求・訴訟等の手続について、改正行政不服審査法や最新の判例・実務を織り込み改訂！

▶生活保護開始申請書や審査請求書等の書式（17 例）を掲載したほか、裁判例（53 件）・裁決例（71 件）については事案の内容・意義等を解説したうえで収録しており、実務に至便！

▶生活保護利用の支援に携わる法律・福祉の実務家、自治体関係者等必携！

発行　民事法研究会

〒 150-0013　東京都渋谷区恵比寿 3-7-16
（営業）TEL. 03-5798-7257　FAX. 03-5798-7258
http://www.minjiho.com/　info@minjiho.com

失敗の兆候にいち早く気づくために！

失敗事例に学ぶ
生活保護の
現場対応Ｑ＆Ａ

直方市役所保護・援護課
弁護士 眞鍋彰啓 編著

Ａ５判・251頁・定価 2,750 円（本体 2,500 円＋税 10％）

▶生活保護の停止・廃止、78条徴収や63条返還、不当要求や不正受給、ＳＮＳ投稿による業務妨害などをめぐって遭遇しがちな失敗事例を物語形式でわかりやすく解説！

▶生活保護の現場で日々奮闘するケースワーカーはもちろん、保護利用者を支援する福祉関係者や生活再建に尽力する法律実務家の必携書！

▶任期付公務員として職員の悩みを目の当たりにしてきた著者ならではの温かいまなざしと明快な助言をとおして、失敗の原因と具体的な対処法がわかる！

本書の主要内容

発行 民事法研究会

〒150-0013　東京都渋谷区恵比寿 3-7-16
（営業）TEL. 03-5798-7257　FAX. 03-5798-7258
http://www.minjiho.com/　info@minjiho.com